ALBERTO CALVANO

Direitos Civis

Segurança Pública

FOME DE JUSTIÇA

BREVES DISCORDÂNCIAS QUANTO À AÇÃO ESTATAL

RIO DE JANEIRO - 2019

LIVRO: IX

> CALVANO, Alberto
>
> Direitos Civis: **Fome de Justiça**
> Breves discordâncias quanto à ação estatal
>
> CDD 220 - 230 - 200
> 1) Segurança Pública - 2) Direito Público - 3) Polícia Judiciária

Todos os direitos reservados ao autor da obra, ficando proibida, ainda que parcialmente, a reprodução da presente, salvo mediante autorização prévia e escrita do autor, conforme legislação em vigor.

À minha esposa MARLI e aos nossos diletos filhos

José Vicente

Sílvia Maria

Luiza Maria e

João Alberto

Nossos sustentáculos, incentivadores, padrões éticos e orgulho maior em mais de meio século de atividades policiais. Âncoras naturais das adversidades decorrentes de quem escolheu a POLÍCIA como a sua segunda casa, do que muito se orgulham de participar.

Sem vocês não teríamos a perseverança que nos acompanha pelas veredas mal iluminadas, pelo sacerdócio que livremente escolhemos em 1964, sempre com a SENHORA MORTE batendo às 24h do dia, em nossa modesta porta.

Que nosso Deus, continue por nós velando, como vem fazendo, desde RIONE SAN ANGELOS na, Roma Antiga.

RODRIGO CALVANO (Down)

Meu neto, anjo protetor e inspiração, desde o momento em que o Pai Celestial o trouxe à família, para que a ele todos se dedicassem e agradecessem a dádiva com que fomos honrados.

O muito obrigado por teres vindo e pelas pequenas grandes mudanças que operastes, no seu AVÔ-PAI, nestes 11 anos, da sua existência terrena. Que Deus assim o mantenha, para nosso orgulho e reconhecimento permanente.

POR fim, um especial agradecimento à Sra. ROSY MERY JOSÉ VIEIRA, pelo seu inestimável auxílio na recuperação e digitação de textos, de muitos aniversários, tornando-os editáveis e possível a elaboração deste ensaio, assim como, do anterior (¨ Tempo nebuloso sobre a Corte Constitucional ¨). Que assim continue, dando suporte de excelente qualidade a quem dele necessita.

PREFÁCIO

Esta coletânea, como as demais, editadas a partir de 2014, se destina tornar pública a OUTRA OPINIÃO, ofertada mediante breves crônicas (via email), na visão do leitor e assinante do jornal O GLOBO sobre matérias publicadas, de interesse geral e, em especial, os focos para área de POLÍCIA JUDICIÁRIA, dentro das efetivas prescrições da Constituição de 1988, notadamente, os direitos e garantias fundamentais do Cidadão, descritos como CLÁUSULAS PÉTREAS, no artigo 5º., incisos e parágrafos, permanentemente ignorados pelo Estado Administração, por meio dos seus segmentos especializados, constituídos.

Como meras opiniões, não impunham sua obrigatória publicação, não fossem elas de aparente relevância para os destinatários das matérias ali focadas e assegurassem a observância do direito de resposta e do direito à informação, devidos a todos, indistintamente, por força do exercício de função essencial à administração pública e ao próprio estado democrático de direito a imprensa livre.

Convenha-se que o melhor instrumento de informar a Cidadania é o debate público, a sustentação das discordâncias e o próprio contraditório, ali já previsto, podendo deles fazer bom uso o Cidadão, o leitor e o assinante.

É sabido, por todos que se propõem administrar a "res publica ", que o seu desafio aumenta na medida em que se consegue, pelo menos, mergulhar na resolução do básico, do planejamento e das estratégias que impulsionarão o projeto-piloto, voltado para o coletivo.

Temos, de há muito, tentado mudar o cenário da segurança pública, cujos projetos, contudo, são gerenciados por pessoas, que deles apenas se utilizam, como trampolim para sua realização pessoal. Os grupos de trabalho ou comissões, constituídas por membros da chamada classe política, também fazem deles os seus laboratórios de experiências ou experimentações, a serem executadas no quadriênio do mandato quando, então, se obterá novo título executivo, para dar continuidade no seu projeto político.

Equívocos, desconhecimento, falta de experiência de campo, são fatores dominantes e, por isso, incapacitantes na obtenção de resultados estimulantes do aperfeiçoamento dos projetos básicos. Mudanças abruptas de rumo são tomadas, o que parece ser a tônica de sucessivas administrações, especialmente, na área da segurança pública. Hoje, no grande projeto de combate à criminalidade violenta e dos "punhos rendados", programam-se estudos para extinguir as UPP's e Delegacias de Polícia. Sinais dos tempos modernos, em condutas típicas das cavernas; talvez seja forte demais assim adjetivá-las. Afinal, o julgamento da relevância dos seus conteúdos e a forma de levá-los ao público leitor do veículo de imprensa, é editá-la e distribuí-la (a opinião), cabendo ao seu autor os custos financeiros do produto final.

Rio. 10.09.2019

O AUTOR

Í N D I C E   PÁGINA

1) Fome – Parte I   10
2) Fome – Parte II - Consequências da insegurança jurídica e o efeito Supremo Tribunal Federal   13
3) Por que o ¨Auto de Resistência¨ ?   16
4) Combate à criminalidade: regras claras e consequências preocupantes   19
5) Trinta anos de uma constituição bipartida e radicalizada   21
6) Risco de censura: Direito à informação e liberdade de Expressão. Mais uma vez revisitando as cláusulas pétreas. Outra opinião.   25
7) Inexistência de políticas inteligentes de segurança pública. Repense-se   29
8) Criminalização e/ou crime ?   32
9) Intervenção federal na Secretaria de Segurança Pública   35
10) Ordem unida. Opinião do O Globo. Outra opinião.   38
11) Donos do Estado. Outra Opinião   42
12) Não basta termos leis. É preciso saber aplicá-las. Abate, ¨Sniper¨ ou estrito cumprimento do dever legal e legítima defesa: afinal, o que temos ?   45
13) Exclusão de criminalidade. Licitude do ato de legítima defesa   47
14) Adeus a uma parceria de mais de meio século   50
15) A Procuradoria Geral da República deve espelhar a Cidadania. Outra Opinião   52
16) Auto de Prisão em Flagrante. Inocorrência de eiva de ilegalidade, arbitrariedade ou irregularidade.   55
17) 257 tiros. Erro de fato ou ¨Snipers¨ coletivo ? Como solucionar legalmente o despreparo de comandos militares para operações policiais ?   58

18) Parecer técnico Jurídico – Cassação de Aposentadoria Funcional   61
19) Uma "sui generis" reforma do Código de Processo Penal
                                                                                      67
20) A nebulosidade continua efetiva sobre a Corte Constitucional   71
21) O Brasil na fogueira, a quem interessa?   74
22) Repetem-se os mesmos equívocos do ônibus da Linha 174   76
23) O Supremo. Perigosos destemperos verbais   80
24) Diplomata revelado pela Corte Suprema   82
25) Colhem-se os primeiros frutos da "Italianização " do Ministério Público   84
26) "SNIPERS" já estão sendo usados. Como estão os perigos que rondam a "URBE?   87
27) AS POLÍCIAS NO CENÁRIO DA ADVERSIDADE: ONDE ESTAMOS E PARA ONDE VAMOS   90
28) HERÓIS ANÔNIMOS OU MARTIRES DA POLÍCIA CIVIL E DA CIDADANIA ?   99
29) Apenas recordando   106
30) PETROBRAS: " Que país é este?   136
31) PETROBRAS: Corrupção sistêmica ou tradicional   139
32) PETROBRAS: As quadrilhas e o " ad terrorem   141
33) " Punições não podem parar o país"   143
34) Criminalidade em ascensão não pode ser combatida pelas forças armadas   145

F O M E

Estamos no terceiro milênio e o mundo continua famélico.

É a FOME que bate às portas de todas as classes sociais, das mais abastadas às menos favorecidas. Todas, de alguma forma, têm FOME. Não é apenas a miséria ou a falta de alimentos, que gera a FOME. Estes, sem dúvida, são importantes, são insubstituíveis , quando se trata de prover o corpo humano de substâncias nutrientes, que permitam manter a sua higidez. Contudo, o vocábulo FOME, visto sob um prisma mais amplo, comporta abordagens tanto materiais quanto filosóficas.

As coisas materiais nos dão conforto, segurança e prazer. Alimentam o nosso EGO e o mundo material visível e palpável, dando-nos a sensação de bem estar Contudo, mesmo quando satisfeitas as necessidades materiais primárias e, até mesmo aquelas de caráter pessoal, vê-se o ser humano diante de conflitos surgidos no meio social, onde somente a participação de todos pode superá-los, administrando os interesses antagônicos.

Não seria nenhum exagero afirmar-se que o mundo de hoje, apesar de todos os avanços tecnológicos, tem FOME DE JUSTIÇA. Não apenas da JUSTIÇA a ser prestada pelo poder constituído específico mas, FOME DE JUSTIÇA do Estado Administração, como um todo, aí diretamente envolvidos os três Poderes da República.

Na ponta final do sistema, quando falta essa JUSTIÇA, a FOME bate à porta do Cidadão, deixando-o a mercê das suas fragilidades humanas que, de forma inexorável, levam à VIOLÊNCIA, que é uma forma pouco percebida de enfrentar a FOME, com os instrumentos condenados pelo PACTO SOCIAL.

E, o desrespeito ao PACTO SOCIAL é, indubitavelmente, o fato mais perceptível, gerador da FOME DE JUSTIÇA.

O Estado e o Cidadão têm de caminhar juntos e harmônicos, mesmo porque, sendo o Estado uma ficção jurídica, somente ganha vida quando o Cidadão o movimenta em prol do Social.

Todavia, se este Cidadão, enquanto é o administrador, esquece a primazia do PACTO SOCIAL, privilegiando o pessoal, estará ele, com essa conduta, contribuindo para o distanciamento e a desarmonia entre o mandante e o mandatário, subvertendo a ordem jurídica e a ordem social.

Autores franceses e russos se debruçaram, em suas obras primas, sobre o fenômeno humano da FOME – MISÉRIA, em seus países, mostrando ao mundo de então,, os males da desarmonia social e as tragédias humanas por eles produzidas mas, mesmo assim, passados mais de dois séculos, o HOMEM ainda não aprendeu a lição desses mestres da incipiente sociologia.

Há muita FOME onde há muita riqueza material, sendo até cômico, para não dizer trágico, que a MISÉRIA e a RIQUEZA constituem o mais bizarro, talvez, fenômeno da espécie humana. Faces de uma mesma moeda.

E m síntese: falta o pão nosso de cada dia, mas há excedentes de tecnologia de ponta nas lojas de departamentos, disponíveis mediante irresistíveis financiamentos.

Cerremos, por enquanto, este ensaio enquanto esperamos por novos messias.

Rio. 20.12.2002.

Alberto Calvano – Del Pol PCERJ e Prof. ACADEPOL (aposent.)

F O M E (20.12.2002)   Parte II   (16 anos depois)

CONSEQUÊNCIAS DA INSEGURANÇA JURÍDICA. O EFEITO SUPREMO TRIBUNAL FEDERAL

Não basta termos leis, assim como não basta termos um Guardião da CARTA DE 1988 e de um FISCAL DAS LEIS, para se afirmar que se está sob um ESTADO DEMOCRÁTICO DE DIREITO, expressão tão usual entre os operadores do Direito, que acabou por banalizar-se

Não basta um Legislativo fazer as LEIS, senão as cumpre e não as formatizas suficientemente claras e objetivas para serem lidas e compreendidas pelos destinatários;

Não basta termos um Chefe do Executivo eleito democraticamente, se também não as cumpre, sob pretexto de ¨ingovernabilidade sistêmica¨ e ocultação de propósitos menos nobres.

Não basta também ter uma Suprema Corte constituída por luminares da Ciência do Direito, se a maioria dos seus Membros se comporta politicamente, abalando com as suas decisões, os alicerces do DEVIDO PROCESSO LEGAL e da ISONOMIA, assim como não basta a sua mera sustentação acadêmica ou doutrinária para cumprir e igualmente fazer cumprir as normas do nosso sistema jurídico, flagrantemente inconstitucionais ou engavetá-las, retirando de pauta o julgamento pelo Colegiado.

Quando se clama por JUSTIÇA é que o Estado desviou-se corporativamente do seu eixo de equilíbrio, fazendo os pratos da balança penderem de acordo com interesses pessoais ou corporativo..

Não basta apenas dizer, mas fazer acontecer o Estado Democrático de Direito. Cumprir e fazer observar, na plenitude, as CLÁUSULAS PÉTREAS, O DEVIDO PROCESSO LEGAL e a ISONOMIA das partes nos atos da administração pública, quando voltados para a garantia plena dos direitos fundamentais do Cidadão.

Não há garantia jurídica quando o MEMBRO DO COLEGIADO desrespeita decisão da maioria, ao conceder liminar em H.C. sobre matéria já apreciada pelo Pleno. Da mesma forma, quando exagera no exercício da judicatura, para conceder a Ordem, ampliando o alcance do ordenamento jurídico, legislando subsidiariamente sobre a matéria.

Não seria demasiado admitir válido o entendimento de que a insegurança jurídica decorre da incapacidade do nosso sistema de prestação jurisdicional, por estar manietado pela chamada classe política quando, com Poderes Constituintes, legislou em favor de si própria, por influência dos clãs que se institucionalizaram no parlamento brasileiro, ao ponto de, após elaborarem como CLÁUSULAS PÉTREAS os direitos e garantias fundamentais até o artigo 6º. (uma espécie de pré-constituição), desandaram a criar privilégios (segunda parte da Carta de 1988, que vai até final), inadmissíveis para uma Carta Política Democrática, como se declara em seu preâmbulo.

Teoricamente não seria nenhum despautério admitir que todos os dispositivos constitucionais, a partir do artigo 6º, que estivessem em desarmonia com as CLÁUSULAS PÉTREAS deveriam ser considerados inconstitucionais, até que do o seu conteúdo fossem removidos os privilégios, afrontosos do DEVIDO PROCESSO LEGAL e da ISONOMIA. Caso contrário não mais há que se falar em normas inalteráveis em um ESTADO DE DIREITO. A incompatibilidade entre tais normas é absoluta, impondo-se, definitivamente a sua exclusão do mundo jurídico.

Não há Justiça onde existem privilégios classistas ou corporativistas.

Poder-se-ia concluir o ensaio, afirmando que vivemos um PERMANENTE ESTADO DE FOME DE JUSTIÇA , que conduz inconscientemente à prática de atos anti sociais e à violência crescente em nossas estatísticas oficiais.

Rio. 22.01.2019

Alberto Calvano – Del Pol PCERJ e Prof. ACADEPOL (aposent.)

POR QUE O "AUTO DE RESISTÊNCIA"?

O inexplicável episódio da morte de uma criança de 10 anos de idade, durante uma ação policial militar, está trazendo a baila, mais uma vez, aquele quasímodo que o despreparo de quem se propõe gerenciar os órgãos de segurança pública mantém no seu arsenal de instrumentos políticos, para demonstrar sua eficiência.

Historicamente, esse esqueleto, fruto da dificuldade de entender o verdadeiro alcance do art. 292 do CPP, remonta ao início dos anos 60, mais precisamente quando estava Secretário de Segurança Pública o Cel Av GUSTAVO BORGES e Diretor da velha Escola de Polícia, que tinha sede em um casarão da rua Joaquim Palhares, EROS DE MOURA ESTEVES, Delegado de Polícia de investidura federal. Este descobriu que não se deveria cumprir o procedimento da norma dos ritos, quando o opositor da ação policial, legítima e legal, resultasse ter ido a óbito. Como autuar um morto? Se o opositor sobrevivesse, lavrava-se o APF, mas se ocorresse a sua morte; como fazer? Descobriu então um alcance maior para a regra insculpida no art. 292, sem atentar que ele se encontra no Título IX (Da Prisão e da Liberdade Provisória), complementando o art. 291.

Em momento algum revogou-se, para aquela hipótese, a aplicação do art. 6º, que deve ser integralmente cumprido pelo Delegado de Polícia, em cuja circunscrição ocorreu o evento criminoso. A presidência do apuratório formal da legitimidade e legalidade da ação policial far-se-á mediante o instrumento próprio - Inquérito Policial - que deverá, ao final do prazo legal, ser enviado ao Juízo Criminal competente para exame do Órgão de Execução do Ministério Público, com atribuição para oficiar nos autos. A peça informativa lavrada na conformidade do art. 292, será mandada juntar aos autos pela AP de molde a completar a instrução do feito nessa fase preliminar da investigação.

Estamos completando meio século de desvio, não porque faltassem cabeças iluminadas e mentes privilegiadas na Polícia, no MP e na Justiça do nosso Estado, para fazer a ação policial caminhar dentro da Lei, mas talvez porque os gestores desses setores jamais procuraram interagir, finalizando auxiliarem-se na tarefa da prestação jurisdicional. A fogueira da vaidade não lhes permitia ver o malfeito e corrigi-lo a tempo, persistindo e perpetuando-se o "imbroglio" e, com isso o país tem legitimado a pena de morte através de "execuções sumárias" e, muitas vezes, com ocultação dos cadáveres.

Não foi criação da ditadura, porque, antecedeu-a. Mas, nela pode ter sido praticada com maior intensidade e ousadia. Contudo, ousa-se dizer que, jamais nessa fase cinzenta por que passou o país, atingiu os patamares registrados nos governos ditos democráticos.

Arriscaríamos sustentar, hoje, aos 75 anos de idade, dos quais dedicamos 43 ao serviço policial, como Delegado de Polícia do antigo Estado da Guanabara, que o "AUTO DE RESISTÊNCIA" é fruto da nossa omissão, como Cidadãos e como operadores do Direito, porque nos faltou a necessária coragem para mudar o rumo de um poder paralelo que se estava construindo sob as nossas vistas.

Acreditamos que a morte de JUAN vai despertar em todos nós um sentimento de culpa coletiva, independentemente do cargo, função, profissão ou atividade que estejamos desempenhando, reagindo à essa desordem, para que o sacrifício dos inocentes seja resgatado plenamente, e bem assim estarmos em paz com a nossa consciência.

Não há necessidade de editar mais normas administrativas, posto que elas já existem, mas são ignoradas pelas administrações que se sucedem. Basta que se pesquise nos arquivos oficiais e publicações especializadas, aperfeiçoando-se aquelas que se mostraram incapazes de coibir os abusos, desde que se cumpra a Carta Maior e as funções ou atividades essêncis á Justiça atuem harmonicamente, deixando-se de lado os preconceitos e alguns malfeitos prescritos.

Rio. 14.07.2011

Alberto Calvano – Del Pol PCERJ e Prof. ACADEPOL (aposent.)

COMBATE À CRIMINALIDADE: regras claras e consequências preocupantes

Com o título ¨ As regras são claras ¨, o jornal O Globo publicou na edição de 05.10.2018, na página 12, matéria que pela sua natureza e destinação reclama de todos nós algumas reflexões sobre o alcance imediato da mudança de postura das forças da lei e da ordem, a pouco mais de 50 dias do prazo de encerramento da intervenção federal nas atividades de segurança pública no Estado do Rio de Janeiro.

Diz o noticiário que o Secretário de Segurança Pública, em cumprimento ao contido em documento do Poder Judiciário do Estado, mais precisamente da lavra da Juíza de Direito da 6ª. Vara da Fazenda Pública, em autos de Ação Civil Pública, movida pela Defensoria Pública, com atribuição, houve por bem editar normativa disciplinando a ação dos agentes da Lei em localidades onde se fizessem presentes escolas, creches e postos de saúde, que poderiam por em risco a integridade física, a saúde e a vida de inocentes, em virtude da necessidade do emprego de armas de fogo pelos policiais, em confronto com a criminalidade localizada.

O contido na nota da mídia sinaliza no sentido de se estabelecer uma disciplina operacional menos letal para todos os que se encontrem no momento dos choques de facções empenhadas em autêntica guerra civil urbana, onde pontua o emprego maciço de armas de guerra convencional ou guerrilha narcotraficante.

Haveria no documento da SSP indicação para que as operações não fossem executadas durante determinados horários de maior fluxo de pessoas e que estariam proibidos disparos em rajadas, a bordo de helicópteros, recomendando-se tiros no modo intermitente, mais precisos e de menor risco.

É óbvio que o treino e o adestramento de pessoal especializado em operações de grande risco nos dirá se a normativa tem mais um cunho de referencial ou caráter de obrigatoriedade formal, retirando-se do homem de polícia predicados e potenciais que somente no calor do confronto se fazem presentes em face das aptidões profissionais, mesmo porque a outra parte interveniente no confronto não tem agendado o encontro, com horários e equipamentos de combate.

Interessante na matéria sub exame são as opiniões de sociólogos e policiólogos colhidas pelo autor do texto, dando conta das insuficiências que mereceriam ser examinadas.

Curiosamente, lembremo-nos de um episódio não muito recente da perda do comando do 4º. BPM, de um jovem Ten Cel que se recusou agendar horário para confronto da sua tropa com as do narcotráfico, sob semelhante pretexto. Por isso será muito importante combinar dia, local e hora para duelo dos tempos modernos.

Rio. 06.10.2018

Alberto Calvano – Del Pol PCERJ e Prof. ACADEPOL (aposent.)

TRINTA ANOS DE UMA CONSTITUIÇÃO BIPARTIDA E RADICALIZADA

No ano de 1988, como operador do Direito por mais de 27 anos ininterruptos vimos o povo brasileiro esperançoso e confiante, de que cessado período de desobediência à LEI por pessoas que, em nome de instituições permanentes de um estado de direito, delas usavam e abusavam para satisfazer o seu ego, como faziam antes os apeados do poder, viver-se-ia um novo ciclo de uma nova redemocratização do país. Eram mais de 20 anos de autoritarismo aberto, então apoiado inicialmente pela Cidadania. No mínimo, duas gerações tiveram que conviver com a anormalidade constitucional.

Era mais uma Assembleia Nacional Constituinte convocada para a elaboração de uma Nova Carta para os novos tempos. Tudo era novo, exceto segmentos majoritários da classe política, velhas raposas dos refrigerados gabinetes privativos onde eram feitos os acordos destinados à preservação dos privilégios reais.

Vinte anos não foram suficientes para mudar o entendimento de que eles eram e deveriam continuar sendo os eternos tutores de um povo fraco e manipulável pelos titulares das modernas capitanias hereditárias, inobstante consagrar-se constitucionalmente de que: "Todo o poder emana do POVO, que o exerce por meio de representantes eleitos ou diretamente nos termos desta Constituição " (Parágrafo único do artigo 1º. da Magna Carta).

Escreveram os Constituintes o controvertido artigo 5º. com 77 incisos e 2 parágrafos que consagrava o princípio maior da igualdade dos Cidadãos diante da lei (e na observância do devido processo legal), síntese concisa do estado democrático de direito.

Somente o artigo 5º. com os seus incisos e parágrafos forjariam a verdadeira CONSTITUIÇÃO DO BRASIL. O que a partir daí se segue disciplinando, constituiria norma infra constitucional, portanto de hierarquia menor e, por isso, incapaz de alterar qualquer parte das normas que a antecedem.

Assim concluir-se-ia para se aceitar a existência de CLÁUSULAS PÉTREAS na atual Carta Maior.

A regulamentação legislativa ordinária far-se-ia, portanto, mediante emendas constitucionais, leis complementares, leis ordinárias e etc., etc.. Privilégios, intocabilidades, foro especial e outras benesses auto-outorgadas após as CLÁUUSULAS PÉTREAS, dentro dessa lógica jurídica, inexistiriam na nossa ordem constitucional, para sermos fiés ao princípio isonômico "TODOS SÃO IGUAIS DIANTE DA LEI", preâmbulo maior de uma republica democrática dos tempos modernos.

Assim procedendo, outorgaram ao POVO uma verdadeira pré Constituição, ante a grandeza, profundidade e alcance dos Direitos e Garantias Fundamentais do " homo brasiliensis".

No ato de sua promulgação no dia 05.10.1988, pela ANC sob a Presidência do Senador Ulisses Guimarães, foi denominada de Constituição Cidadã e todo o artigo 5º. de CLÁUSULAS PÉTREAS, imodificáveis pelo processo legislativo, inclusive mediante Emendas Constitucionais.

Na hierarquia da norma situa-se no topo do topo, o que leva à conclusão de que, a partir do artigo 5º., qualquer outro dispositivo nela constante, apesar de votado e acolhido pela ANC, há de ser considerado como inconstitucional dentro da própria Constituição de 1988.

Nesse ponto, constitui para o guardião da Carta, tormentosa análise e julgamento dos processos judiciais em que estão literalmente em confronto as CLÁUSULAS PÉTREAS e dispositivos outros do mesmo diploma legal, principalmente os chamados privilégios concedidos a integrantes de Instituições e Poderes da República. O mais agredido é o da ISONOMIA, seguido pelo do DEVIDO PROCESSO LEGAL.

E a gazua de eficácia permanente tem sido e continuará sendo o novel instituto político da "governabilidade" em cujo nome se violam direitos e garantias constitucionais do Cidadão- eleitor que, ao exercitar o seu direito de votar, aliena todo o seu ser a um ente político despido de escrúpulos e bom senso, que lhe põe os grilhões da mendicância, renováveis a cada quatro anos, enquanto ele posa intocável de um quase divindade do velho Senado Romano.

Hoje, 06 de outubro de 2018, véspera das eleições, já se fala e a mídia, como sempre vocaliza com a sua costumeira adesão e apoio, de que será preciso mudar a Constituição-Cidadã, para poder melhor se "governar" e, com isso, anistiar os condenados da Operação Lava Jato, perdoar os inadimplentes, desonera-los da devolução do butim aos cofres públicos e restaurar o áureo período das capitanias hereditárias tupiniquim.

Obviamente retirando do artigo 5º. a natureza geológica da sua lapidação de norma pétrea.

Rio. 06.10.2018

Alberto Calvano – Del Pol PCERJ e Prof. ACADEPOL (aposent.)

RISCO DE CENSURA: Direito à Informação e Liberdade de Expressão. MAIS UMA VEZ REVISITANDO AS CLÁUSULAS PÉTREAS. OUTRA OPINIÃO.

O jornal O Globo, na edição do dia 20.10.88, sábado, na página 4 PAÍS, informando sobre fatos e atos ocorrentes, relacionados com o pleito que se avizinha, ao reproduzir integralmente o que chegara ao seu conhecimento sobre "fake news", em exame no TSE e na PGR, fez publicar destaque sob o título RISCO DE CENSURA, matéria sobre a qual, em episódios ocorridos nos dias 28 e 29 de agosto – sabatina de candidato à Presidência da República – manifestaramo-nos, como leitor e assinante do O Globo, há mais de duas décadas, em texto enviado a CARTAS DOS LEITORES, sobre Direito à Informação e Dever de Informar.

Hoje, a matéria volta a merecer nova abordagem jornalística, tão incisivamente quanto na anterior sobre o risco de censura ao " exercício do direito constitucional à informação", sob fundamento de que a Procuradora-Geral de República defendera uma regulação perigosa do exercício de alegado direito de expressão, via "fake news".

Salvo grosseiro equívoco nosso o direito de expressão é cláusula pétrea e aquela autoridade pública o sabe muito bem (art. 5º. IV), assim como o remédio legal, por sua violação (art.5 º.V bem como são direitos e garantias fundamentais do Cidadão, cabendo, portanto, ao Estado-Administração o dever de garantir a sua fruição. Em havendo qualquer tentativa de restrição ou limitação do mesmo, será sempre declarado inconstitucional pelo Estado-Juiz

De ser lembrado que o Ministério Público é parte na relação processual que se instaurar e, bem como, Fiscal da Lei, representando o titular do direito ofendido, com vista ao que prevê o art. 5º., LIX e essa previsão constitucional dispensa a intervenção de terceiro para exercitar-se garantia individual, senão daqueles servidores públicos expressamente qualificados.

O direito de expressão pertence à pessoa humana e não a ente privado exercitando atividade empresarial com poderes de esmiuçar a vida privada das pessoas, sem qualquer legitimação expressa do Titular do Poder – O POVO. Se assim fosse, estaríamos criando uma tutela especial para este, que já tem o seu representante eleito (art.5º. parágrafo único) e, ademais, estar-se-ia a criando uma espécie de Guardião Plus da Carta Republicana.

O DIREITO À INFORMAÇÃO é da pessoa física, que o cobrará de todos aqueles que são meros depositários de qualquer bem ou interesse legal do Cidadão. Não poderá modificá-lo, manipulá-lo, sonegá-lo ou destruí-lo. Se o fizer, responderá aos termos da Lei: a empresa, no âmbito do Direito Civil e a pessoa física que der causa à violação, no campo Penal.

É óbvio que a "fake news" é o resultado de uma ação humana que causa dano a outrem e, por isso, em território brasileiro está sujeito às leis do País, bem assim todo aquele que de alguma forma da ação delitiva dela participou ativa ou omissivamente.

As telecomunicações são atividades exclusivas do Estado-Administração que as exercita na forma e destinação da delegação dos poderes recebidos da ANC. Tudo indica que a Carta Maior não é interpretada e cumprida como Constituição-Cidadã, assim intitulada por Ulisses Guimarães, ao entregá-la aoPOVO no dia 05.10.1988.

O papel da imprensa não pode e não deve resumir-se nessa equivocada colocação. O direito de ser informado é da pessoa física e é ela quem deve exercitá-lo através da voz dos seus representantes legais, de cujo coro deverá sempre sobressair sempre a abalizada e intocada voz da imprensa, local onde deve expressar-se com a legitimidade que a Cidadania lhe conferiu como uma segunda guardiã da Carta Magna.

Quanto à mentira e a verdade, dizem que são contemporâneas e, por isso, faces de uma mesma moeda, inseparáveis e companheiras das vitórias e das derrotas dos seus praticantes.

Direitos e proibições estão na mesma Carta de 1988, cabendo aos seus titulares - pessoas físicas - exercitá-los plenamente com os instrumentos que expressamente estão à sua disposição. Condutas reprimidas e danos reparados, na forma da Lei, que precisa, talvez, ser mais ágil e eficaz, premiando o justo e punindo corretamente o injusto.

Não se vê risco de censura, quando apenas de cumpre a Lei. Risco haverá sempre para quem servir de veículo de propagação das "fakes news", que deverão exercitar a sua capacidade multiplicadora com mais cautela e responsabilidade. As" fake news

¨ somente alcançarão a sua destinação se encontrarem condições ambientais para se desenvolverem e conquistarem um espaço vital.

    A Cidadania operosa e atuante se bastará como agente capaz do controle externo de exercícios de direitos. A máquina serve para facilitar as mudanças e não para entravá-las, assumindo as funções do estado democrático.

    ¨Venia concessa¨.

    Rio. 21.10.2018

Alberto Calvano – Del Pol PCERJ e Prof. ACADEPOL (aposent.)

INEXISTÊNCIA DE POLÍTICAS INTELIGENTES DE SEGURANÇA PÚBLICA. REPENSE-SE

O tempo e a mídia nos tem demonstrado, inequivocamente, que o Rio de Janeiro continua acéfalo em matéria de segurança pública. Não se pode falar, sistematicamente, que tudo termina em desencontro entre os operadores de pífios planos de combate à criminalidade organizada, atribuindo-se o insucesso à permanente cobrança de segmentos da sociedade.

Esta não mais aceita ser o eterno boi-bumbá do desfocamento da inafastavel incapacidade gerencial de quem se intitula responsável pela " governança " de ingovernável sistema empírico de especialistas em generalidades. Seria, segundo "experts" em segurança pública, um precioso estélio, envolvendo graduados servidores públicos, as ditas autoridades superiores, que impõem condições de trabalho de ineficiência e ineficácia zero, a ser cumprida pelos executores finais dessas políticas

Cansou-se das ridículas operações presença, também alcunhadas de operações visibilidade. Os desfiles de contingentes militares são feitos em datas festivas para a tropa e a instituição, sempre focados no civismo e brasilidade da nação. Não se combate a criminalidade com esse tipo de ferramenta. Diz-se que a atividade de inteligência não dá votos porque é silenciosa, é precisa e, por isso, eficaz. O amadurecimento desses princípios leva tempo para ser alcançado, assimilado e utilizado .

Mas, o agente político não pode esperar. O seu projeto de sucesso profissional não pode estar vinculado a fatores não considerados na elaboração dos planos de ação, que a seu ver, demandarão longos prazos e meios logísticos que retardarão a colheita dos resultados programados.

O curioso é que a mão de obra existente e disponível é boa e suficiente para se começar com o que se tem relativamente à inteligência e informações de interesse policial, para as medidas de caráter preventivo.

É obvio se o material que a DELEGACIA LEGAL poderá disponibilizar para a base de qualquer projeto, se não foi para o ralo, como sempre se fez, é muito importante preservá-lo e dar-lhe o tratamento específico.

As causas primeiras do aumento da criminalidade violenta deveriam ser o ponto central de todo e qualquer trabalho sério e permanente.

De início, as atividades preventivas direcionadas para o núcleo central dos fatores impulsionadores das ações delitivas, concentradas a determinados bens e espaço territorial, obedeceriam a critérios mais dinâmicos. Isso poderia significar a intensificação do policiamento preventivo direcionado à contenção das ações das organizações que retroalimentam o crime organizado.

Advertem-nos pessoas com qualificação específica que a atividade de inteligência se faz com pessoal descaracterizado. Nas operações de repressão, o Estado-Garantidor deve mostrar a sua cara; não ocultar a sua identidade. Talvez, quem sabe, a Polícia voltaria a ter maior credibilidade e confiabilidade, restabelecendo o princípio da autoridade pública, hoje bastante fragilizada. Nada se perderá se forem repensadas as nossas atuais práticas.

Rio. 27.10.2018

Alberto Calvano – Del Pol PCERJ e Prof. ACADEPOL (aposent.)

"CRIMINALIZAÇÃO" E/OU CRIME ?

A mídia investigativa tem repetidas vezes se reportado à expressão ¨criminalização¨, quando está noticiando provável ocorrência de condutas reprováveis, praticadas por gestores da ¨res publica¨, no exercício de mandato eletivo ou de livre nomeação por agente político, ao lhe ser constitucionalmente assegurado o direito de resposta, sustentando ser inocente, vítima de ação condenável de opositor ou de servidores públicos no exercício de atribuições legais e ou constitucionais, ao promoverem a sua responsabilização criminal.

A denúncia ou delação, alicerçada em evidências, indícios e elementos de provas trazidos para os autos de procedimentos investigatórios, impossíveis de serem contraditados são, de imediato, transmudados para a categoria de falsos, inverídicos ou inexistentes por quem lhes deu origem, exercitando, obviamente, o seu direito de defesa, sem contudo contradizer, formalmente, com provas admitidas judicialmente, a falsidade documental, pericial e ilegalidades outras, praticadas por quem as trouxe ao conhecimento público.

Na realidade, são velhos chavões construídos pelas suas caríssimas assessorias técnicas especializadas, pagas com numerário de origens duvidosas, que têm extraordinária capacidade de alongar o seu desfecho final, mediante recursos, que não se esgotam nunca, graças às dificuldades que têm os julgadores de se debruçarem sobre os processos que presidem e de chamarem os feitos à ordem, diante do volume que sufoca os cartórios judiciais.

A chamada classe política, uma espécie de categoria de seres que inicia o seu aprendizado desde o berço é, infelizmente, para as pessoas de bem, a campeã das estatísticas oficiais e da mídia, ostentando dezenas de processos criminais, aguardando o esgotamento do prazo prescricional para o simbólico ARQUIVAMENTO em massa, mantendo o "pobre inocente", puro, imaculável e FICHA LIMPA, renovável a cada quatro anos, quando recebe novamente a autorização para voltar ao seu garimpo, maculando aqueles eleitos que têm compromisso com o Eleitor, a Cidadania e o País, que pagam alto preço de uma Justiça morosa e injusta.

Incrível essa nossa ordem jurídica, onde o Estado, representando o Povo, é sempre o perdedor, pois saqueado ou totalmente despojado do seu patrimônio, ao reclamar ao Estado-Juiz moroso, o tem saqueado pela segunda vez, agora do seu direito à prestação jurisdicional, porque o SAQUEADOR mostrou-se muito mais preparado do que o Legislador, o Fiscal da Lei e o Magistrado Judicante.

Pratica crimes, estabelece informal rito processual, ditado pela conveniência e oportunidade, sempre garantido por sua assessoria técnica especializada, que o mantém FICHA LIMPA até o juízo final, mesmo quando presentes os pressupostos constitucionais para a sentença, graças à compreensão de alguns servidores públicos com exercício nas Superiores Cortes Constitucionais, que lhes assegura a portabilidade de FICHA LIMPA, pelo tempo que for julgado necessário.

Afinal, são eles pobres inocentes ¨criminalizados¨ por invejosos contumazes.

Espera-se que um dia o eleitor rompa os seus grilhões e o sol volte a brilhar nesta primavera de fé e esperança.

Rio. 28.10.2018

Alberto Calvano – Del Pol PCERJ e Prof. ACADEPOL (aposent.)

INTERVENÇÃO FEDERAL NA SECRETARIA DE SEGURANÇA PÚBLICA

Estamos nos últimos dias do prazo fixado pelo governo federal para a execução de medidas urgentes na área de segurança pública no Estado do Rio de Janeiro, com vista à reversão do quadro de insegurança que se instalou no ente federado nos últimos 20 anos.

Em solenidade de prestação de contas pelo Interventor, um Gen Ex, da ativa dos quadros da Força (EB), disse-nos aquela autoridade constituída que cumprira com o seu dever funcional e com a missão que lhe fora confiada pelos escalões superiores do Estado Administração.

Inquestionavelmente, visível estava e está a renovação da frota de viaturas operacionais com todo o seu instrumental, possível dentro do quadro de penúria do governo estadual, assaltado por quadrilhas do "colarinho branco", as nossas conhecidas garças da classe política e, jamais, admoestadas pelos órgão de controle externo e interno, tanto estadual, quanto federal.

Todos simplesmente omitiram-se ou fraquejaram diante do volume avassalador da corrupção oficial que desviou alguns bilhões de reais dos cofre públicos, aqui investidos ou no exterior com o conluio dos quadros dos Controladores e Fiscais da Lei. Imperdoáveis as festas na Cidade Luz (Paris) enquanto a Cidade Maravilhosa (Rio de Janeiro) a penúria estatal alcançou toda a família fluminense.

Notou-se que foram cortados gastos supérfluos na área de custeio e desperdícios de mão de obra qualificada por inexistência de planejamento e operações eficazes , assim como a terceirização de atividades intimamente ligadas à pronta resposta ao crime organizado.

Equívocos foram cometidos como extinção de Delegacias de Polícia Judiciária, extinção ou redução do apoio logístico de UPP´s. com vista a contenção de despesas, apesar do Estado ter sido socorrido financeiramente pela União, com a liberação de recursos no montante de mais de 1.200.000,00. Pagaram-se algumas dívidas com fornecedores e prestadores de serviço e honraram-se os compromissos com o combalido quadro funcional ativo e inativo.

É fato inconteste de que no geral, nada mudou; apenas conteve-se quanto s

e pode a queda vertiginosa na confiabilidade e credibilidade na POLÍCIA, o que já é um alento para quem estava moribundo.

A execução da Vereadora e o seu motorista é ponto altamente negativo para a intervenção federal, por que tem todas as característica de desafio do crime organizado à competência operacional das forças da Lei e da Ordem no espaço territorial fluminense, com radiação em todo o país. Conquistado o Rio de Janeiro, abriu-se espaço e força até para se instalarem em países vizinhos da América do Sul.

O crime organizado tendo sob o seu domínio o narcotráfico e a milícia pouco foram atingidos pelas operações militares do CML e da PCERJ por falta justamente de um plano B que pudesse solapar a logística e a mobilidade da máfia tupiniquim, que já dá sinais de novas aquisições e diversificações na exploração das suas "empresas".

A resolução da execução da parlamentar carioca já é uma cobrança a nível nacional e internacional que se transfere ao novo governo que se inicia em 1º. de Janeiro, sem quaisquer sinais de esperança para a família enlutada e a própria Cidadania. Todos esperam que o Estado Administração apresente algo que justifique mais de 10 meses de investigações, cobertas pelo sigilo procedimental.

O que será do dia seguinte à retirada do Militares das Forças Armadas do território da cidade dominada pelo medo?

Rio. 30.12.2018

Alberto Calvano – Del Pol PCERJ e Prof. ACADEPOL (aposent.)

ORDEM UNIDA. OPINIÃO DO GLOBO; OUTRA OPINIÃO

Tocar ordem unida é a ¨opinio¨ do matutino O GLOBO , publicada na edição de 6ª. feira, 11.01.2019, no rodapé da página 05 onde, profissionais da informação, no exercício do direito-dever que lhes assegura a Constituição de 1988, levam ao conhecimento público, vez que a matéria é, simultaneamente, repetida pela Rede Globo de Televisão, ¨recomendando ¨ ao Planalto para assegurar a disciplina dos militares.nas reuniões públicas onde se busca a melhor forma de administrar a terra arrasada deste nosso Brasil ¨ acima de tudo e acima de todos, Deus¨ , slogan que incomoda os apeados do poder, com suas quadrilhas, do assalto aos cofres públicos, à dignidade das pessoas, o bem estar social e´ o tão declamado ESTADO DEMOCRÁTICO DE DIREITO.

Para nós, leitor do matutino e seu assinante há mais de três décadas, não causa estranheza esse ir e vir dos estagiários de um grande jornal. Cavalgam as ondas e marés, como se lhe exigem os donos da verdade, sob pena de encurtamento de suas carreiras, distanciando-se de um sagrado dever de equilíbrio, de verdades e respeito pela alegria daqueles que, sofridamente viram o país mergulhar na mais perigosa aventura do enriquecimento ilícito, das mentiras, das fraudes, dos peculatos, da corrupção desenfreada, da lavagem de dinheiro, do surgimento de poderes paralelos, das milícias (a máfia tupiniquim), das execuções sumárias e do aparelhamento dos Poderes, criados pelo POVO, numa histórica Assembleia Nacional Constituinte, após 20 anos de escaramuças primárias por falta de lideranças autênticas..

Sou octagenário e convivi com essa categoria especial de servidores públicos. Fui um deles por sete anos e desliguei-me do seu efetivo em 1964, quando ingressei, por concurso, no Quadro de Delegados de Polícia do antigo Estado da Guanabara, onde me aposentei aos 75 anos, com 41 anos de serviço estritamente policial. Na caserna aprendi e apreendi valores que se perderam na poeira do tempo. Hoje completamente ignorados pela classe política; trocamos muitos conhecimentos, especialmente sobre o valor da família, célula ¨mater¨ de uma nação e de um país forte. Somos um caldeamento de raças e de religiões e precisamos saber viver e conviver com os valores dessas heranças.

O latino é por natureza mais um emocional do que racional e, não se poderia esperar outra postura de um ítalo-brasileiro: a espontaneidade, a franqueza e a teimosia. Não são defeitos, mas virtudes que nos fazem muita falta no nosso relacionamento do dia a dia. ELAS o fizeram um vencedor e a única guerra que travou de peito exposto a uma lâmina de aço, foi a do ¨verbo¨ , o vocábulo latino que permite estabelecer o diálogo - a PALAVRA.

Suspeitamos que nenhum daqueles que se aconselha serem submetidos à ordem unida, tenha esquecido o que se aprende com a família : a ordem, a disciplina e a hierarquia. Não são elas criações da caserna, nem expressões originariamente castrenses, mas patrimônio de uma família bem formada, com valores inalienáveis e formadores de lideranças naturais sólidas.

Não vemos como a transparência, a comunicabilidade, o riso, o abraço, o cumprimento afetivo, a alegria de que valeu a pena esperar, acreditar em si, no seu entorno e, principalmente na Cidadania, impeça que a fruta de árvore saudável, que estava pronta para ser colhida e que todos, indistintamente, combatentes de ambos os lados, saberão dividi-la e saboreá-la, como um gesto de indisciplina. Talvez, possa identificá-la como uma forma castrense por estarem vivos e agradecerem a DEUS por lhes ter dado forças para vencerem a primeira batalha, como ensinavam os dois grandes religiosos italianos: FRANCESCO DE ASSISI E FRANCESO D´ALÉSIO, o venerado SANFRANCESCO DI PAOLA.

Que seja duradora essa franqueza e transparência e esse respeito que têm pela LEI MAIOR, a Constituição de 1988, reafirmada na Revisão Constitucional de 1993. Nesse relevante fórum, estivemos, por designação da ADEPOL-BR, em assessoria especializada de segurança pública em Gabinetes de Parlamentares, em busca de apoio para o aperfeiçoamento da Carta e, se a memória não nos falha, recordamo-nos de ter ido ao Gabinete de um Deputado do R.J, militar licenciado do EB, que mais parecia dependência do EB no Poder Legislativo Central, tantos eram os sinais visíveis e material de um bivaque..

Reminiscências de uma época, diriam aquels que aprenderam que ordem e disciplina, não são apenas conceitos construídos em regulamentos disciplinares, mas valores que geram progresso, reforçando inabalável certeza de que dias melhores estavam por vir, desde que buscássemos trabalhar na mesma frequência do nosso interlocutor.

Perdoe-nos parceiro de aconselhamentos pela nossa OUTRA OPINIÃO, que sabemos que terá o mesmo encaminhamento das anteriores, mas se o nosso Deus nos continuar premiando como tem feito até a presente data, talvez um dia possamos trocar mais conceitos sobre a matéria .

""""Concessa máxima venia".

Rio. 11.01.2019
Alberto Calvano – Del Pol PCERJ e Prof. ACADEPOL (aposent.)

DONOS DO ESTADO: OUTRA OPINIÃO

O matutino O Globo em sua edição de sábado, 02.03.2019, na página 6 O Pais, publica Opinião do Globo EQUÍVOCO, onde externa sua visão e entendimento que, ¨minoria¨ por ser minoria, faz jus á cota dos divergentes, à semelhança do que ocorre na educação, notadamente quando se trata de cursos superiores. Quando se estabeleceu esse equivocado critério de ocupar vaga disputada por todos os que se julgam qualificado para concorrer à seleção, nivelou por baixo candidatos capacitados, considerando condições nem sempre justas. Tal critério passou a ser visto como gerenciamento paternalista-populista, retirando do candidato cotista todo o seu valor pessoal, capaz de conquistar a vaga sem valer-se desse protecionismo estatal-ideológico Marcante são os exemplos do sucesso dessa minoria sem valer-se dessa porta larga, hoje já sujeita a críticas no próprio universo acadêmico. Pergunta-se como se sustentará o aluno beneficiado por esse critério se o seu secundário foi penoso e insuficiente, quando tiver que enfrentar a realidade da concorrência para um emprego ?

A matéria teria merecido essa abordagem em virtude de uma cientista política, depois de convidada para ocupar cargo no Conselho Nacional de Política Criminal e Penitenciária (NCPCP) do Ministério da Justiça e Segurança Pública foi, em menos de 24 horas desconvidada, por decisão do Presidente da República, por razões que entendia corretas, no exercício do cargo ocupado.

Trata-se, como facilmente se poderá compreender, que o seu ato obedeceu aos princípios e fundamentos do art. 37 da

Constituição de 1988 e, em momento algum, segundo a reportagem de Renata Marize e Jailton de Carvalho, colocou-se em dúvida a competência e a idoneidade da profissional respeitada por seus posicionamentos, até mesmo quando discordantes da maioria. Não fosse a matéria assinada pelos dois profissionais da imprensa, seria talvez uma rotina de quem tenha personalidade forte, ser questionador, em busca da verdade e de uma justiça justa de respeito ao próximo como a si mesmo.

Por tais razões se pede vênia às doutas autoridades que se manifestaram criticando o ato governamental, porque nenhuma eiva de ilegalidade ou de inconstitucionalidade tenha a impregnar a sua validade plena e aceitabilidade pelo mundo jurídico e ético-profissional.

Finalmente, ¨ permissa vênia¨ não vemos por que no exercício de mandato eletivo conquistada sob condições mais adversas possíveis (vitima de tentativa de homicídio poucos dias antes do pleito) não compreenda a abrangência do seu cargo que é público e não privado, como seria o dos dois profissionais que não foram muitos felizes no final da matéria, ensejando a OPINIÃO ora contraditada, por ser injusta e descabida. Relativamente à prestação de solidariedade e exonerar-se de cargo na mesma área de influência ministerial, não seria demasiado recordar que estaríamos todos sob um Estado Democrático de Direito e que o direito à informação pertence ao Cidadão (POVO), e a imprensa é o veículo mais importante para o exercício pleno dessa cláusula pétrea (art. 5º.).

Não será com essa postura impensada desses servidores públicos, que venceremos os obstáculos que a administração governamental herdou de um Estado falido financeiramente, dominado pelo crime organizado, pela corrupção desenfreada na cúpula da organização estatal, lavagem de dinheiro público, cujo combate começou justamente com um jovem Magistrado, hoje Ministro da Justiça, coadjuvado por um corpo de Policiais e Procuradores da República, que aceitaram o desafio das quadrilhas, donas do pobre Estado, que agora se tenta resgatar.

Não tentem desmoralizar valores que pertencem à Nação e ao Povo e, jamais a ideologias de agremiações políticas partidárias.

Com todo o respeito, "concessa máxima venia".

Rio. 03.03.19

Alberto Calvano – Del Pol PCERJ e Prof. ACADEPOL (aposent.)

NÃO BASTA TERMOS LEIS, É PRECISO SABER APLICÁ-LAS. ABATE, "SNIPPER" OU ESTRITO CUMPRIMENTO DO DEVER LEGAL E LEGÍTIMA DEFESA, AFINAL, O QUE TEMOS ?

Típica ação de abate foi o episódio envolvendo fração de tropa do EB e uma família que se deslocava em carro de sua propriedade, por via pública, nas imediações de Unidades Militares, na região de Deodoro, no dia 07.04.2019, provocando a morte de um cidadão, chefe de família, morador da área, e ferimentos por paf´s de uso militar, a terceiros, por militares fardados que cumpriam missão do comando da área.

Diz a mídia informativa que a fração da tropa, composta por cerca de 14 homens, obviamente comandada por um oficial, com patente de tenente, teria feito disparos de fuzil e outra armas curtas, que teriam alcançado mais de 100, número considerado próprio para neutralização e destruição do objetivo militar.

Típica ação de guerra, com resultado traumático para a "urbe" e a população civil do entorno, do cenário não buscado.

Qual a legalidade e legitimidade de força armada realizando ação policial, em estado de normalidade jurídica no país e na região do episódio traumatizante ? Segundo dizem, o amparo para o exercício de atribuição constitucional diversa da prevista no art. 142 da Carta de 1988, estaria no reforço extra de lei denominada de GLO, posta em prática nos últimos anos, em substituição à decretação do estado de defesa, muito mais rigoroso e restritivo; este com previsão constitucional.

Mesmo assim, não estaria autorizado o abate, sem prévio confronto. Seria mais uma construção de caráter jurídico policial, dos nossos legisladores com coloração de guerra urbana, a ser dirimida, depois, pelos nossos tribunais, em gabinetes confortáveis com as respectivas assessoria técnicas especializadas. Enquanto isso, os homens da linha de frente, não preparados para o enfrentamento hermenêutico das discussões acadêmicas, teriam de decidir, em frações de segundos, se empregariam ou não o instrumental de trabalho que o Estado-Garantidor lhe fornecera para a missão.

Coisas muito próprias do nosso mundo jurídico, que também está sempre nos surpreendendo com decisões políticas, corporativas ou ideológicas, muitas de duração efêmera, enquanto o bastão do comando muda constantemente de mãos. Temos mais um "imbroglio" para perturbar uma administração que se propõe aprovar um pacote anti crime no Congresso Nacional, que poderá ser afetado por essa tragédia outonal.

Relembraríamos, somente para ilustrar: a execução do turista brasileiro pela Scotland Yard no metrô de Londres e da turista espanhola por oficial da PMERJ, recentemente, na Rocinha, por igual erro de fato, que isenta de pena. Não há, propriamente, crime militar; assim como não há crime civil na ação da tropa. Busque-se o responsável no andar de cima, por possíveis outras violações. "Maxima venia".

Rio. 09.04.2019

Alberto Calvano – Del Pol PCERJ e Prof. ACADEPOL (aposent.)

EXCLUSÃO DE CRIMINALIDADE. LICITUDE DO ATO DE LEGÍTIMA DEFESA.

A lei brasileira - o CPB – considera como ato lícito aquele praticado em estado de legítima defesa própria ou de terceiro, conforme regra expressa no art. 19 – II daquele diploma legal. Significa dizer que naquelas condições não há ilicitude. Em decorrência, conclui-se que o agente opositor é quem tem conduta ilícita, criminosa, violadora de tipo penal, sujeito, portanto à cominação legal por sua conduta.

As expressões EXCLUSÃO DE CRIMINALIDADE e EXCLUSÃO DE ILICITUDE , como também de ANTIJURIDICIDADE, se equivalem para efeitos penais. Outra não poderia ser a conclusão, sobre o mesmo fato e consequências jurídicas, mas que tem gerado discussões acadêmicas inconciliáveis entre representantes do tripé da prestação jurisdicional em campo penal.

Diz o ¨caput ¨ do art. 19: ¨ NÃO HÁ CRIME QUANDO O AGENTE PRATICA O FATO: ... ¨ Ora, se não há crime, é porque o agente o pratica na forma da Lei. Crime estaria tentando praticar o opositor, que vier a ser vitimado por repulsa de quem está no amparo da Lei. Portando, se o agressor está violando a norma jurídica, a quase vítima está no polo oposto. E, se não há ilicitude no seu gesto, não há como restringir LEGALMENTE a sua liberdade de ir e vir, o que seria um ato abusivo, lavrar AUTO DE PRISÃO EM FLAGRANTE contra a quase vítima. Nem o Delegado de Polícia pode fazê-lo e muito menos um Magistrado, sob pena de claro constrangimento ilegal. A apreciação, primeiramente pela

Autoridade Policial e, a seguir, pela Autoridade Judiciária, sob a vigilância do Fiscal da Lei, é apenas formalidade, em observância de garantia constitucional da Cidadania. Não será um Inquérito Policial Instaurado mediante AUTO DE PRISÃO EM FLAGRANTE mas, por despacho ou Portaria do Delegado de Polícia a quem for apresentado o AUTO lavrado na forma do art. 292 do CPP.

Assim é que deve ser feita a leitura do art.19 e incisos do vigente CPB, recepcionado por regras – cláusulas pétreas - elencadas no art. 5º. da Constituição de 1988.

Tudo leva a concluir que o cerne da questão não está na norma, mas como melhor definir a legítima defesa, que o legislador a teria aclarado no art. 21, "verbis" ENTENDE-SE EM LEGÍTIMA DEFESA QUEM, USANDO MODERADAMENTE DOS MEIOS NECESSÁRIOS, REPELE INJUSTA AGRESSÃO, ATUAL OU IMINENTE, A DIREITO SEU OU DE OUTREM. " Seria temerário pretender enquadrar a expressão "repele injusta agressão, atual ou iminente ", esquecendo-se de quem, nesse duelo, representa o bem e quem representa o mal. Nas circunstâncias atuais, talvez seria válido repetir "in dubio pro societatis". Não nos esqueçamos que nesse "front" que se estabelece entre a criminalidade e a Lei, é extremamente difícil pontuar os momentos de definir entre matar ou morrer, até mesmo para os que tiveram o seu batismo de fogo Esse momento será sempre lembrado pelo homem da Lei. Diferentemente deve ocorrer com o criminoso, sustentam especialistas da área.

Não há régua de cálculo capaz de aferir o momento do impulso, que segue o primário princípio da sobrevivência, o chamado INSTINTO DE SOBREVIVÊNCIA. A final, poder-se-ia completar o simplório raciocínio, repetindo que a norma, sendo de observância obrigatória, conforme secular regra da Lei de Introdução ao Código Civil, deve ser clara, precisa e efetiva, dispensando a participação de gênios para a sua compreensão e aplicação. Segundo se afirma e se pratica, a Lei foi feita para o homem normal. O resto mais são preciosidades que nada somam. Ao contrário, afastam ainda mais os pontos de consenso, fragilizando o pouco que existe de segurança pública.

E, assim, mais uma vez construímos "outra opinião" em atenção aos termos da nota do jornal O Globo, edição de sexta-feira, 17.5.2019, página 10 País, da lavra do jornalista Marco Grillo marcogrillo@oglobo.com.br Brasília, sob o título: "FÓRUM DE SEGURANÇA QUER VETO À AMPLIAÇÃO DO EXCLUDENTE DE ILICITUDE".

"Venia concessa".

Rio. 17.05.2019

Alberto Calvano – Del Pol PCERJ e Prof. ACADEPOL (aposent.)

ADEUS A UMA PARCERIA DE MAIS DE MEIO SÉCULO

Somente assim, CARLOS BANDEIRA POPE nos deixaria, tão arraigado era à vida terrena. Depois das festividades do seu São Jorge Protetor. Ainda jovens, brincávamos por que eu comemorava o meu aniversário com o meu primogênito e ele me respondia dizendo que ele brindava a sua data com o santo guerreiro. Nunca exigi comprovação mas, acreditava que fosse neste mês de abril, logo após o dia 24. Eis que no dia de ontem, 25 de abril, deixou-nos para se encontrar com os seus, depois de muitos anos de separação material. Foi-se um guerreiro, silenciosamente, como sempre o foi em sua vida funcional. A Polícia foi o seu mundo e a família, o seu paraíso.

Conheci-o no século passado, mais precisamente em 1963, quando jovens de 25 e 26 anos de idade, nos apresentamos em um pardieiro, que um dia fora uma belíssima casa de pessoas de posse, situada na rua Joaquim Palhares, para iniciarmos o Curso de Formação de Comissário de Polícia do então Estado da Guanabara, no Governo Carlos Frederico Wernec de Lacerda, que pretendia dar à população carioca uma polícia padrão Nova Yorque.

Tentou.

Apenas melhorou-a com os faixa amarela, como éramos chamados. Foi cassado. Exilou-se e morreu.

A semente por ele lançada vingou e começamos a realizar concursos públicos para toda a carreira policial, sendo-nos lançado o desafio de prepararmos as novas gerações, a partir de 1967, lecionando na ACADEMIA DE POLÍCIA CIVIL " SÍLVIO TERRA", até sermos substituídos pelas novas gerações. Daquela histórica turma, alguns migraram para outras carreiras jurídicas graças à experiência adquirida no Plantão Policial. Dela saíram Procuradores, Defensores Públicos, Promotores de Justiça e Desembargadores

A parceria CALVANO e POPE, preferiu ser apenas DELEGADO DE POLÍCIA, na sua segunda casa e, jamais , eles esqueceram as primeiras palavras que ouviram de um FERNANDO BASTOS RIBEIRO, seu mestre na ESCOLA DE POLÍCIA, depois ACADEMIA DE POLÍCIA CIVIL SILVIO TERRA, de que dia e noite, nas 24 horas, somente duas portas permanecem abertas para os aflitos e os fragilizados: a dos HOSPITAIS e as da DELEGACIAS DE POLÍCIA.

CARLOS BANDEIRA POPE sempre as manteve abertas onde trabalhou e onde ensinou.

Descanse em paz velho companheiro. Breve nos encontraremos e vamos continuar festejando a vida e a família que tivemos, por obra e graça do nosso PAI CELESTIAL. Os nossos filhos, como nós, estarão sempre de braços abertos para os necessitados. Disso temos a plena certeza.

Rio. 26.04.2019

Do parceiro e compadre CALVANO.

A PROCURADORIA GERAL DA REPÚBLICA DEVE ESPELHAR A CITADANIA . Outra opinião

O Jornal O GLOBO, edição de 21.04.2019, na página 24 Economia, publicou artigo da jornalista MÍRIAM LEITÃO , intitulado "PGR não pode espelhar governo" onde, com a sua natural clareza e competência, estaria equacionando problema de governo do Presidente Bolsonaro para quando tiver que escolher o futuro Procurador Geral da República, em substituição a atual Chefe do "Parquet", dentro de cinco meses.

Não havendo recondução do atual titular por mais dois anos, impõem-se deliberar sobre quem recairá a escolha do nome a ser submetido a escrutínio no SENADO da REPÚBLICA, para efetiva nomeação.

Diz-se que ao Presidente Bolsonaro será submetida lista tríplice dos candidatos finalistas da votação interna, como se faz em relação aos Procuradores Gerais da Justiça, dos entes da federação, conforme previsto nas suas LOMP´s, cabendo-lhe escolher um deles e nomeá-lo.

Até este ponto não é apontada qualquer dúvida ou problema maior, que surge a partir do exato momento de se conhecer, não mais a cultura geral e jurídica de quem será também o GUARDIÃO da CIDADANIA; do seu equilíbrio e ética funcional, dos seus princípios e valores funcionais no desempenho do cargo originário e do seu compromisso com o seu semelhante e o seu país. Em um governo e país sério, estes também seriam os predicados exigíveis para assumir o mando da nação, através de eleições limpas e SEM CAIXA DOIS, o que até hoje não vimos nessas mais de oito décadas de vida, cinco das quais como operador do direito.

A jornalista diz que a PGR não pode espelhar o governo e tem toda a razão quando explicita os afazeres e os feitos ou malfeitos de ¨ex¨ ocupantes de tão importante cadeira na prestação jurisdicional do Estado-Administração, quando se bandearam para ações menos nobres, por serem GOVERNO ou simplesmente ESTADO, não adjetivado de DEMOCRÁTICO DE DIREITO, abdicando ou omitindo-se de serem instrumento de persecução das garantias constitucionais abandonando a sua parceria à própria sorte.

Referimo-nos à Polícia Judiciária Federal, dirigida por DELEGADOS DE POLÍCIA DE CARREIRA, conforme mandamento constitucional expresso.

Não seria nenhum exagero afirmar que não basta termos uma PGR intocável e acima de qualquer suspeita se não tivermos uma POLÍCIA JUDICIÁRIA no mesmo patamar.

Vejam como está sendo possível passar a limpo o País com uma perfeita parceria de persecução penal.

Ademais, inobstante o Estado não poder contrapor-se ao Governo e este àquele, o Estado já tem na Carta de 1988 Advocacia Geral da União para essa função e não ser apenas um simples berçário de futuros Membro de Colegiados de Tribunais Superiores, que ultimamente tem gerado sérias preocupações ao mundo jurídico e a quem lhes paga o "pro labore faciendo" constitucional.

Rio. 22.04.2019.

Alberto Calvano – Del Pol PCERJ e Prof. ACADEPOL (aposent.)

AUTO DE PRISÃO EM FLAGRANTE POR VIOLAÇÃO DE TIPO DO ESTATUTO DO IDOSO. DA INOCORRÊNCIA DE EIVA DE ILEGALIDADE, ARBITRARIEDADE OU IRREEGULARIDADE QUE PUDESSE CONTAMINAR O ATO DA DELEGADA DE POLÍCIA, DO PROMOTOR DE JUSTIÇA E DO MAGISTRADO DA CUSTÓDIA, QUE OFICIARAM NOS AUTOS. CONCESSÃO DE "habeas corpus" CONTRA ATOS LEGÍTIMOS E LEGAIS DE AUTORIDADES PÚBLICAS. ENCAMINHAMENTO DE PEÇAS COM INDICAÇÃO DE RESPONSABILIZAÇÃO ADMINISTRATIVA E CRIMINAL DA DELEGADA DE POLÍCIA, DO PROMOTOR DE JUSTIÇA E DO JUIZ DE DIREITO.

Confesso que em 58 anos como operador do direito, dos quais, 43 anos como Delegado de Polícia e Professor da ACADEPOL SILVIO TERRA, jamais me deparei com tão inusitada situação de erro com efeito dominó, envolvendo uma Autoridade Policial, dois Fiscais da Lei, um Juiz de Direito, um Defensor Público e dois Juízes Desembargadores, na apreciação de uma conduta de filho versus genitora, com possível violação do Estatuto do idoso.

Na impetração da extremada medida judicial, o judicioso Defensor Público usou e (perdoe-me) abusou de uma linguagem demasiadamente rica em seus vocábulos jurídicos, indicando-nos o empenho da defesa em corrigir atos supostamente abusivos, do que obteve a ordem para neutralizar a ação do Fiscal da Lei, sustentando, como preliminar, a inexistência de situação flagrancial, que justificasse a voz de prisão, a sua formal autuação e a expedição da Nota de Culpa, em observância do devido processo legal onde, inclusive, lhe foi assegurado o exercício do contraditório e da ampla defesa, com os meios a ele inerentes.

Razão teria o impetrante se a conduta delitiva, não fosse daquelas classificadas como permanentes, considerando-se que a senhora idosa, pelo estado em que foi encontrada, de há muito vinha sendo desassistida pelo filho, mantida em local e condições inadequadas para pessoa de idade avançada e condições de saúde visivelmente precárias. A foto que ilustra e instrui os autos do procedimento pré processual o demonstram perfeitamente.

A Delegada de Polícia, como a primeira garantidora dos direitos da cidadania, cabia-lhe, como lhe coube, adotar as providências impostas pelas vigentes leis processuais e garantias constitucionais. Cumpriu-as à risca, cometendo apenas equívoco no enquadramento jurídico penal quanto ao art. 99, & 2º. Do Estatuto do Idoso.

Há quem sustente que a lavratura do APF é medida muito rígida, por entender que a apresentação da idosa à DEAPTI, por si só teria interrompido (cessado) o continuado e sucessivo agir do autuado, cabendo, " in casu", a instauração de inquérito policial, mas nunca a prisão em flagrante.

Contudo, não é essa a hipótese que as peças instrutórias comprovam, o que torna corretos e juridicamente legítimos e legais os atos praticados pela Delegada de Polícia, pelo Órgão de Execução do M.P. e pelo Juízo de Direito competentes, em seus momentos próprios os procedimentos dessa natureza.

De tudo quanto está demonstrado, seria ato abusivo do exercício de atribuição constitucional, abrir em face dessas três autoridades públicas atos formais de natureza administrativa e criminal, por inexistência de justa causa. É o nosso entendimento técnico-jurídico.

Rio. 15.04.2019

Alberto Calvano – Del Pol PCERJ e Prof. ACADEPOL (aposent.)

257 TIROS. ERRO DE FATO OU "SNIPERS" COLETIVO ? COMO SOLUCIONAR LEGALMENTE DESPREPARO DE COMANDOS MILITARES PARA OPERAÇÕES POLICIAIS ?

Foi preciso que mais inocentes morressem para que se despertasse desse pesadelo, que se instalou no emprego das forças da lei e da ordem, direcionadas na segurança do Cidadão, pelo ESTADO GARANTIDOR, no exercício pleno da administração de "res" pública.

O erro foi grotesco e feriu muito mais profundamente a Cidadania, do que a família enlutada por atos conscientes de 12 militares do EB, praticados sob o comando de um jovem tenente, com pouco mais de 21 anos de idade, que tinha a responsabilidade pela vida de 10 ou 12 praças, de igual ou menor idade do que a do oficial. Jovens conscritos, sem nenhuma experiência de vida para a missão que lhes foi confiada, por profissionais mais maduros nas questões castrenses, mas também ínfima para o exercício de atividades policiais, de primeiro escalão, na primeira linha de confronto com a criminalidade comum ou organizada.

Improvisação perigosa e, quiçá, com consequências jurídicas criminosas, na forma culposa, que poderia alçar-se à modalidade dolosa não intencional, que os jurista classificam como dolo eventual, em razão do princípio que vige no mundo castrense. Nas organizações militares, onde predominam regras básicas de cumprimento obrigatório, como a da hierarquia e disciplina, não se discutem as ordens recebidas. Cumpre-se a missão como lhe foi ordenada, pois ela passou pelo crivo inicial dos comandos diretamente envolvidos. Não se admite o questionamento das ordens dadas. As iniciativas próprias, praticamente nenhuma, se nas ordens não contiver expressa autorização. Somente, admitir-se-ia, quando o plano "B " não tivesse previsto a iniciativa, diante do surgimento de fato novo: surpresa inimaginável.

Segundo noticiado pela mídia escrita e televisiva, no episódio que enlutou a Cidadania, cumpriam-se ordens emanadas de comandos competentes. Se nesta ordem do dia, em documento reservado, em NGA's, em ordem de operação imediata ou qualquer outra forma de ordenamento oficial, a fração da tropa que se engajou naquela fatídica operação, cumpria ordens superiores.

Eram e são, à luz de elementares princípios e normas jurídicas, agentes executores de um plano militar que não previa, em seu planejamento operacional, o risco de ocorrência do sinistro "fogo amigo". Mas, ele ocorreu e, por isso, teria vitimado integrantes da população civil, que são os que sempre pagam as nossas contas.

Não façamos mais uma dezena de novas vítimas inocentes – os jovens militares – que não estavam em nenhuma guerra, fosse ela convencional ou não. Faziam, naquele momento, o trabalho que a Constituição de 1988 entregara à POLÍCIA CIVIL, que é treinada e paga para executar operações e missões policiais, de acordo com as suas normas gerais de ação.

As Forças Armadas e seus integrantes são preparadas, constitucionalmente , para a guerra, que sempre significou a destruição do inimigo, daí os 257 tiros constatados pela perícia criminalística. Se o vigente ordenamento jurídico transferiu a averiguação e julgamento para o foro militar, nele deverão ser julgados, observando-se esses princípios. E, se estamos procurando culpados, procuremo-los no andar de cima. "Permissa venia".

Rio. 30.05.2019.

Alberto Calvano – Del Pol PCERJ e Prof. ACADEPOL (aposent.)

PARECER TÉCNICO JURÍDICO

CASSAÇÃO DE APOSENTADORIA FUNCIONAL

ADMINISTRATIVO CONSTITUCIONAL. Exercício abusivo da função disciplinar por agente público, violando frontalmente direitos e garantias constitucionais. Previsão estatutária, anteriormente prevista no DL 220/ 75, revogada pela Carta de 1988 e EC´s 3/93, 20/98, 41/2003 e 47/2005. O direito à aposentadoria como direito social, formalmente assegurado no inciso XXIV do art. 7º., caracterizador do ato jurídico perfeito e do direito adquirido. Ato de administrador público praticado ao arrepio de lei maior e princípios consagrados na vigente Carta Política, com inequívoca demonstração de desapreço pela segurança jurídica em um estado democrático de direito. Inobservância do devido processo legal e garantia do exercício do contraditório e ampla defesa . Direito líquido e certo de Revisão do processo disciplinar para a necessária correção e observância das prescrições do art. 37, notadamente dos princípios da legalidade, impessoalidade e moralidade. Ato nulo de pleno direito. Se julgado conveniente, recurso à via judicial, por violação de garantia constitucional, pelo Chefe do Executivo Estadual. Flagrante confisco de numerário previdenciário de contribuinte obrigatório, caracterizando enriquecimento ilícito, com contornos, em tese, de improbidade administrativa.

Mais uma vez, chegou-nos consulta formulada por associado da ADEPOL/RJ sobre prática administrativa violadora de garantia constitucional - DIREITO à APOSENTADORIA - de servidor fisicamente incapacitado (INVALIDEZ) para o exercício do cargo de Delegado de Polícia, por fatos que, inclusive, foram submetidos a Juízo Criminal específico. O resultado do confronto entre homens da lei e agentes da criminalidade violenta gerou morte e lesões graves, que ensejaram processos administrativo e criminal.

Supervenientes destes, tem-se condenação criminal e aposentadoria por invalidez. Esta, abruptamente cassada por ato do Chefe do Executivo estadual, arrimando-se em norma derrogada pela vigente Constituição e Emendas específicas.

Cassação de aposentadoria é ato nulo pela sua ilegalidade e ilegitimidade formais, que não pode sobreviver em um estado democrático de direito.

Há mais de uma década, isto em 12.05.2007, tivemos a oportunidade de enfrentar o mesmo questionamento feito por associado da entidade classista, quando emitimos parecer técnico jurídico ¨ A APOSENTADORIA ¨, incluído no 2º. Livro ¨Direitos Civis: Segurança Pública (Crônicas de Um Delegado de Polícia) editado em 28.12.2014, em Charleston, SC USA pela AMAZON, páginas 221/225, que abaixo transcreveremos, na íntegra, tornando-se, assim, parte inseparável deste.

"A APOSENTADORIA"

Exercício do direito à aposentadoria e a Nova Ordem Constitucional. Garantia fundamental assegurada àqueles que implementarem as condições estabelecidas na Lei Maior, independentemente de estarem ou não em pleno exercício de atividade laborativa no serviço público ou iniciativa privada. Direito de ação a ser exercitado a qualquer tempo. Obrigação do Estado -

Administração e dever de quem se encontra no gerenciamento da "res publica". Direito, inclusive que pode ser manejado pelos herdeiros do patrimônio do "de cujus".

Consulta-nos (...) sobre a possibilidade jurídica de ex-servidor que tenha contribuído para o fundo previdenciário com a sua cota-parte para a aposentadoria, vir a exercer junto ao poder público, o seu constitucional direito, uma vez preenchidas as condições da Lei Maior, o pagamento dos proventos equivalentes à remuneração percebida quando se encontrava no serviço ativo, independentemente da condição em que se encontre: afastado, licenciado, exonerado ou demitido.

A uma leitura atenta da Carta Republicana, tal consulta seria despicienda, pois o texto é de clareza meridiana, não permitindo que se continue a praticar uma administração da "rex publica" voltada para a satisfação de interesses menos nobres, confiscando direito assegurado constitucionalmente a todos aqueles que exercem atividade produtiva em uma sociedade politicamente organizada.

Some-se, ainda, o que se prescrevia na Lei Complementar 51/85, recepcionada pelo parágrafo 1º. do art.40, relativamente ao exercício de atividades consideradas penosas, insalubres ou perigosas, ante a cláusula inscrita no art.5, XXXVI.

Em estudo anterior sobre o mesmo tema, sustentou-se, como agora se reafirma, que a aposentadoria deixou, de há muito, a característica de concessão do governante, para ganhar o "status" de direito pessoal patrimonial (bem), em face da natureza jurídica que no estado moderno ganhou o instituto da previdência social, com o caráter contributivo-retributivo ou contributivo-devolutivo, que hoje se sustenta no mundo jurídico, pelos operadores do direito constitucional previdenciário

O contrato que se firma entre as partes –contribuinte e arrecadador-repassador - obriga a ambos, dentro do modelo adotado de, uma das partes recolher à caixa previdenciária, seja ela estatal ou privada, uma determinada quantia em dinheiro, durante um lapso temporal contributivo e limite de idade pré-fixados, e a outra parte, a arrecadadora, ao final desses termos, restituir àquele, em forma de proventos, os valores acordados, recolhidos e capitalizados.

Implementadas pelo contribuinte as condições estabelecidas na lei, o direito à restituição das parcelas pelo agente arrecadador-repassador, é liquido e certo, independentemente encontrar-se aquele em atividade laborativa ou não.

Esta condição não está prevista na Lei, por óbvias razões éticas, morais e de justiça social. A obrigação de contribuir gera, no futuro, cumpridos os pré-requisitos, o direito de receber, sob pena de vir a se caracterizar a figura típica de enriquecimento ilícito, mediante fraude reconcebida pela outra parte.

Não se pode confundir a perda do cargo público, pouco importando a forma ou motivação, com o inalienável direito à APOSENTADORIA, mesmo porque, na iniciativa privada não existe e nunca se especulou nesse sentido, inobstante todos os percalços que se interpõem na tumultuosa relação ESTADO-CIDADÃO. A demissão do contribuinte obrigatório do cargo público ou do emprego, não lhe retira o direito à APOSENTADORIA, se este já preencheu as condições que a Lei Maior estabeleceu.

Esse direito o Estado-Administração está PROIBIDO DE CONFISCAR e, como bem patrimonial, uma vez exercitado, sobrevindo o óbito do titular, transfere-se aos seus herdeiros, os quais, quando habilitados, farão jus à pensão regular.

Parece-nos que estes suplementos complementam, razoavelmente, entendimento que esposamos em anterior parecer técnico sobre matéria que está ficando tormentosa para os leigos, diante de alguns acontecimentos que a imprensa tem divulgado sobre personalidades da área do Poder Legislativo e do Poder Judiciário, onde se confunde a perda do cargo ou mandato, com cassação do direito à aposentadoria, persistindo-se, inconscientemente, na equivocada conceituação sobre a natureza jurídica do moderno sistema de previdência social, que se destina à contribuição obrigatória na preservação do equilíbrio financeiro-atuarial, deixando, assim, de ser apenas um fundo destinado ao pagamento exclusivo de pensão e não desta e de proventos de aposentadoria.

¨ Data vênia ¨.

Rio. 12.05.2007

Alberto Calvano – Del Pol PCERJ e Prof. ACADEPOL (aposent.)

O tempo passa, os cabelos tornam-se brancos mas os homens custam compreender que fazer justiça não é impor a sua vontade, apenas por estar nas suas mãos o bastão de comando da coisa pública, temporariamente. SENTE-SE neste processado que há mais de duas décadas alguém luta para que o justo e o legal prevaleçam sobre o injusto e o arbitrário, até este momento vitoriosos.

Há de ser lembrado ainda que as normativas constitucionais e infra asseguram, para efeito de APOSENTADORIA, a contagem recíproca do tempo de contribuição durante os períodos em que o contribuinte obrigatório prestou serviço na iniciativa privada ou pública.

Maior clareza do que esta da natureza jurídica do tempo de contribuição e sua destinação constitucional, assegurada pelo legislador, é ofensa inadmissível para um operador do direito.

Continuamos acreditando que o Brasil de há muito rejeitou o trabalho escravo do "homo brasiliense".

E, "Venia" para quem apenas busca JUSTIÇA.

Rio. 29.06.2019.

Alberto Calvano – Del Pol PCERJ e Prof. ACADEPOL (aposent.)

UMA "SUI GENERIS" REFORMA DO CÓDIGO DE PROCESSO PENAL

Na vigência da Constituição de 1988 "italianizou-se" o MINISTÉRIO PÚBLICO BRASILEIRO, por obra e graça de enfática sustentação oral do Decano dos Ministro da Casa da Justiça, brilhante ex-Membro do "Parquet" do Estado de São Paulo, o que perseguia, com real e notável desenvoltura, nas suas atividades, enquanto em exercício no Ministério Público Estadual.

Lutou com todos os méritos da causa e conseguiu, recentemente, que seus pares, naquela Casa, acompanhassem o seu longo voto, em um resultado de 6 x 5, abrindo assim, para o Ministério Público, uma vaga para também instaurar investigações (inquérito ministerial), com o mesmo valor e finalidade do INQUÉRITO POLICIAL, objetivando instruir ação penal pública, sem que se indicasse, em momento algum, o dispositivo expresso da Carta, onde se arrimava a sua justificativa.

Violou-se consciente, voluntária e ousadamente o art. 144 da Carta

Como diria festejado e eloquente professor da língua portuguesa, que se elegeu Presidente da República do Brasil e depois renunciou. Fi-lo porque qui-lo.

Criamos consciente ou inconscientemente o modelito do "G.I.P." tupiniquim, muito parecido com o praticado na Itália, onde há um "Giudice d'Indagine Preliminare", que entre nós seria o Juízo

de Investigação Preliminar, um juízo de instrução criminal. O festejado Juizado de Instrução, tão desejado por um pequeno mas ativo segmento do nosso mundo jurídico, esquecido dos ensinamentos de um Francisco Campos, na sua introdução ao Código, ideologicamente de grande influência de um Código ROCCO
 e dos regimes vitoriosas na Europa de Franco, de Adolfo e de Benito, todos festejados e caídos por si só.

Esse "imbroglio" seria pano de fundo de um cenário tão antigo quanto o derrogado parágrafo único do art. 4º. do vigente CPP dos anos 40, do século passado.

A burguesia de então é a mesma burguesia da 1ª. década do século 21. Esta debate-se, insolitamente, contra qualquer investigação que possa desnudá-la como está fazendo a nossa "lava-jato", que nasceu curitibana, passou pelo Distrito Federal, Rio de Janeiro, São Paulo, Brasília e prossegue por todos os rincões onde há verba pública disponibilizada; onde há verbas de emendas parlamentares, veios promissores de bons negócios.

Nasceu a "mani puliti brasiliana" e faz-se necessário colocá-la sob controle. É uma questão de sobrevivência, como o foi na Itália, que amargurou, passado pouco tempo de boas vitória, o retorno ao "status quo ante". Senão vejamos um significativo alerta da mídia informativa.

O jornal O Globo, edição de domingo, 30.6.2019, na página 9 PAIS, publica matéria sob o título "Projeto que cria juiz das garantias volta a andar" , assinada por VINICIUS SASSINE, VINICIUS.jornal@bsb.oglobo.com.br, quase cifrada em sua linguagem jornalística.

A chamada classe política pretende formalmente a existência de dois juízes para o mesmo feito criminal: o 1º. apurará os fatos e suas circunstâncias, enquanto o 2º. decidirá sobre as diligências mais importantes e proferirá a sentença. A isso chamar-se-á de JUÍZO DAS GARANTIAS com destinação diversa do Juízo de Custódia.

Quem, afinal, dirigirá a POLÍCIA JUDICIÁRIA ? O Delegado de Polícia, o Promotor ou Procurador de Justiça ou o Juiz das Garantias ? Como se fazer essa reforma, sem PEC específica ? E os direitos e garantias fundamentais, o devido processo legal, a isonomia e o princípio do juízo e do promotor natural ?

O sistema atual (acusatório) não oferece suficiente garantia, nem mesmo depois de instalado o juízo da custódia ? Por que esse "capitis " do Juízo Monocrático atual ? Será que os Juízos Colegiados (2ª.instâncias) não têm cumprido com a sua missão constitucional ? E, os Tribunais Superiores, inclusive, o Supremo Tribunal Federal ?

Não basta terem transformado crimes de corrupção, lavagem de dinheiro, organização criminosa, evasão de divisas, fraudes, falsificações e outros mais contra o erário público em "crimes eleitorais" ?

Como ficariam as investigações e ações penais das "lava-jato" de Curitiba, Rio de Janeiro, Minas Gerais, São Paulo e Brasília, que estão fechando em cima de outras organizações criminosas que escaparam das primeiras condenações mantidas pelo STF ?

Não seria o caso de se construírem mais cadeias para acolherem esses novos hóspedes e reformar-se o CPP para as novas levas de quadrilheiros que não se reabilitaram diante do insucesso dos atuais ?

Por isso roga-se para que a mídia informativa continue com a sua missão constitucional, mesmo tendo que cifrar o núcleo central da matéria editada. Uma imprensa livre e consciente pode fazer forte a pobre gente que apenas serve para renovar, a cada quatro anos, os poderes absolutos de mandatários, para o exercício da oligarquia corporativa.

"Venia" para quem ainda acredita em arrependimentos e continua esperando o milagre.

Rio. 02.07.2019

Alberto Calvano – Del Pol PCERJ e Prof. ACADEPOL (aposent.)

A NEBULOSIDADE CONTINUA EFETIVA SOBRE A CORTE CONSTITUCIONAL.

A luz amarela intermitente do nosso cenário político continua acesa, para a ordem pública brasileira, com vista à insegurança jurídica, decorrente de equivocada forma de interpretar prescrições expressas da Carta, de que é guardião o próprio S.T;F., suspendendo o poder investigatório de polícia judiciária do Estado de Direito, quanto ao compartilhamento de informações e elementos materiais de prova de atos ilícitos, colhidos pelo COAF.

A esse fato relevante vem somar-se a um outro, tão fulminante quanto àquele, justamente porque se insinua a destruição (e não apenas o seu descarte dos autos dos procedimentos, preservando, contudo, a integridade de prova material e pericial do conteúdo) de tudo quanto se tenha apurado e recolhido, em termos de materialidade de elementos de prova de conteúdo cibernético, relativamente ao hackeamento de comunicações telefônicas entre altas autoridades do governo, somando-se a estes, aquelas de natureza privada das mesmas personalidades públicas, em flagrante e continua invasão de privacidade. Com procedimentos dessa natureza e fácil vulnerabilidade desses grupos, atenta-se, inclusive, contra a própria Segurança do Estado Brasileiro, incidindo os autores em outro Estatuto Penal, de maior rigor procedimental e formalização de autos processuais.

Há quem sustente que ações dessa natureza podem encontrar tipicidade em leis especiais se, consideradas as finalidades, os núcleos ativos, as pessoas envolvidas, o seu patrocínio e financiadores; razão maior para que se reconsidere a decisão de possível execução de ato oficial de destruir conteúdo interceptado, que se afirma apreendido pela Polícia Federal (O GLOBO – página 4 – País).

De ser lembrado que, "sperts" em eventos dessa natureza, reportam em suas definições a existência de organizações que financiam e coordenam o trabalho das equipes, que vão desde a captura das informações, exame e filtragem do seu conteúdo e possíveis utilizações, com ganhos políticos, estratégicos e financeiros, trazendo oculto um alto potencial de inconformismo político.

Não se descarta, para se alcançar o objetivo colimado, até a eliminação física de pessoas, como recente caso de tentativa de que foi vítima, quase fatal, o atual Presidente da República, somando-se a esse disparate, a execução sumária, há pouco mais de um ano, de Parlamentar carioca (Vereadora), campeã de votos e, por isso, forte candidata à Chefia do Executivo local, cuja apuração permaneceu coberta pelo sigilo judicial, como se fosse um grande segredo de Estado.

Tudo é possível e provável, quando se está vivendo uma profunda crise de autoridade, decorrente de décadas de assalto aos cofres públicos, com um estado paralelo, infestado de narcotraficantes, "colarinhos e punhos brancos", "milicianos" e uma "máfia tupiniquim", buscando reconhecimento público.

Espera-se uma resposta da REPÚBLICA HACKEADA, o quanto antes. Que seja justa, legal, eficaz e duradoura, cumprindo-se, integralmente, o art. 5º. da Constituição pois, segundo essa mesma mídia, a invasão das comunicações internáuticas, teria sido mais um esbarrão em uma porta sem tranca, no sistema operacional, do que resultado de pesquisa e busca incessante de "hackers". Tudo teria acontecido por acaso, justificando-se o aprofundamento, visto que nos grandes centros financeiros do país, grupos interessados em melhor aproveitar o material, editando-o para os seus propósitos menos nobres.

A verdade, no dizer de experientes internautas ("hackers"), o telefone móvel e a internete navegável são verdadeiros queijos suíços, em termos de segurança dos dados acumulados.

Rio. 26.07.2019

Alberto Calvano – Del Pol PCERJ e Prof. ACADEPOL (aposent.)

O BRASIL NA FOGUEIRA, A QUEM INTERESSA?

O GLOBO publica hoje, domingo, 25.08.2019, DIA DO SOLDADO e do EXÉRCITO BRASILEIRO, importante matéria jornalística da lavra de competente profissional da imprensa livre, com o propósito de chamar atenção da Cidadania, para o fato de grassar, como sempre grassou, o fogo na mata. Expressão simplória, com um significado de alerta geral para o Estado Democrático de Direito. Afinal o fogo e a vegetação, viva ou seca sempre estiveram em litígio, desde que o "homo sapiens" nela resolveu intervir. Primeiro, para satisfazer as suas básicas necessidades biológicas e, mais tarde, pelo econômico financeiro; uma espécie não catalogada de hidra de sete cabeças, revelada na mitologia grega.

Portanto, nada de novo no "front brasiliensis" ou melhor dizendo, no "front amazônico". Mas, hoje, o "mundus" novo é gerido pela mídia. Portanto, pela informação, daí se concluir que ele se movimenta, conforme os movimentos desta, que criam, modificam ou destroem valores e conceitos então dominantes no cenário político de uma nação.

Escreve BERNARDO MELLO FRANCO, com a sua modesta ,mas bem intencionada caneta, ao abrir a matéria de sua coluna na página 3 OPINIÃO uma frase também simples: O BRASIL NA FOGUEIRA.

Despertou-me a expressão para adjetivar FOGUEIRA com o vocábulo PAIXÃO, soando-me o crepitar de um fogo incontrolável, que devora o homem a milênio. Emoção, paixão, ódio e destruição são momentos muitas vezes tão fugazes, que não chegam a ser percebidos nitidamente, muito bem retratados em película cinematográfica : Os Quatro Cavaleiros do Apocalipse.

Ousa-se afirmar que o econômico financeiro está, hoje, ditando as regras para a notícia – a informação editada – aquela que interessa aos protagonistas do cenário de ¨fakes news¨, trombando na primeira esquina não percebida. Todos, indistintamente, agem e reagem na conformidade do interesse corporativo que representam. O POVO, esse pobre ser, até politicamente é o grande biombo que esconde as verdadeiras organizações pouco nobre que manejam a máquina do tempo dos valores políticos.

Repetindo lapidar aconselhamento de um ancião que um foi Ministro e Presidente do STJ, a meu ver DIPLOMATA-MAGISTRADO o poeta, Carlos Ayres Brito: " não basta fazer as leis; é preciso saber aplicá-las com um modo impessoal, moral e transparência ".

"Vênia "

Rio. 28.08.2019

Alberto Calvano – Del Pol PCERJ e Prof. ACADEPOL (aposent.)

REPETEM-SE OS MESMOS EQUÍVOCOS DO ÔNIBUS DA LINHA 174

Incrível essa nossa memória policial.

Há alguns anos tivemos uma tragédia provocada por total incompetência gerencial no emprego de forças policiais, onde inocentes foram vitimados porque a POLÍCIA se perdeu diante de um simples porte ilegal de arma de fogo, na rua Jardim Botânico, artéria mais importante do bairro do mesmo nome.

Amadores, trasvestidos de policiais de altas patentes, deram ao Estado, ao país e parte do mundo civilizado, o seu show de eternos policiólogos , dos seus gabinetes refrigerados e tapetes vermelhos.

Era uma época de grandes descobertas no campo da segurança pública no Estado do Rio de Janeiro. Inauguravam-se belas vitrines a que se denominavam de ¨ Delegacias Legais¨ em substituição a velhos pardieiros, onde se fazia um pouco de polícia inteligente, enquanto a política rasteira deixava.

Mobília nova, polícia velha; belos projetos futuristas e canudos reluzentes a sustentá-los, que no dizer de respeitável pesquisador da COOPE-UFERj, estava-se tirando a POLÍCIA da barbárie, elevando-a a primeiro mundo.

As forças policiais uniformizadas mudavam de indumentária e até veículos operacionais ganharam pintura de guerra. Roupa e equipamento novos, mas usuário cansado, famélico de justiça e respeito, continuavam e continuam sendo usada pela política que manda na polícia, como afirmamos e reafirmamos, há mais de uma década.

" POLICE , a toujours tort", proclamou Gustav Flaubert, quando se referia à Polícia Parisiense e aos seus Comissaires, expressão repetido na obra de um desses Comissaire, FERNAND CATHALA, in "POLÍCIA , MITO E REALIDADE".

Coincidência ou não, coube à mesma unidade de elite das forças de segurança o novo sacrifício para que, oficialmente, se inaugurasse um novo ciclo de uma NOVA POLÍCIA - a dos "snipers" urbanos, muito bem comemorado pelo atual Governador do Estado, ao saltar alegremente de transporte aéreo que o conduziu ao local do evento, onde, obviamente, foi cumprimentar o pelotão de atiradores de elite pelo seu grande feito: abater com tiros de fuzil, de alta precisão, um jovem de pouco mais de 20 anos que, segundo os psicólogos presentes oficialmente no local, de uma quase nova tragédia, atestavam para as testemunhas oculares, que o perigoso "sequestrador", era um pobre coitado em crise psicótica, armado com um brinquedo semelhante a um revólver

Segundo, a bem informada mídia, foram necessários inúmeros disparos para a execução, por fuzilamento, de quem se acreditava, pela sagacidade dos negociadores, tratar-se de perigoso delinquente, que ameaçava os passageiros do ônibus com o seu brinquedo, que não disparou, sequer, um tiro de advertência ou intimidação.

E, também, materialmente não podia, pois era de brinquedo, o que não foi percebido pelos experientes agentes da lei e tantos outros "experts" em armamento e tiro.

E, perguntar-me-iam por que estou contando essa quase fábula?

Responder-lhes-ia dizendo-lhes que na época da tragédia do ônibus da linha 174 encontrava-me ainda em atividade e exercia o cargo comissionado de Sub-Corregedor Geral da PCERJ, respondendo pela Direção do Órgão Correicional da PCERJ, em razão do afastamento temporário do seu Titular, por motivos que não convém explicitar neste momento e, por tais razões e do grande fiasco da resposta do Estado-Garantidor a um simples porte ilegal de arma de fogo, tivemos de intervir na parte legal e disciplinar, para por um paradeiro no "imbrogliuo" paduense, evitar injustiças e resguardar a imagem de Instituições centenária de um temporal perfeitamente previsível.

Neste, como naquele porte ilegal de arma de fogo, (sendo no presente apenas um brinquedo inofensivo), ambos os infratores foram mortos, destacando-se um detalhe relevante para efeito de aplicação da lei penal: a excludente de ilicitude ou de antijuridicidade da ação do policial que se encontrava em situação de legítima defesa própria e de terceiros, no estrito cumprimento do dever legal, enquanto na ocorrência da ponte, em razão do instrumento vulnerante, a hipótese que se adequaria à situação seria de erro de fato, previsto no at. 17 do CPB, que isenta de pena o agente da lei que, pelas circunstâncias, supõe situação de fato que se existisse, tornaria a ação legítima.

Em havendo excesso culposo, responderá o agente na modalidade culposa, conforme previsto no parágrafo único do art. 21 do CPB; situação documentada pela mídia televisiva ao enumerar a quantidade de projéteis que alcançaram o infrator. Diz-se que seriam cerca de 06 lesões visibilizadas, e "animus" dos agentes não seria apenas neutralizar a resistência do infrator, mas a de destruir, ação típica dos "snipers" no estado de guerra, sujeita à lei de guerra, estabelecida nos tratados internacionais.

    Evidenciaram-se, no triste episódio, equívocos dos comandos quanto à ordem de fogo, que se diz ter sido dada pelo Chefe do Executivo Estadual, que se encontraria distante da linha de combate, aos "snipers", como se fossem um pelotão de fuzilamento em uma situação de guerra, onde predomina a hierarquia e não, nas forças policiais, que já têm traçadas nas leis o seu "modus faciendi", onde quem manda é o DEVIDO PROCESSO LEGAL, ao se aplicar a norma positiva a uma situação de fato. Significaria, em linguagem mais simples que as forças policiais de segurança da cidadania e a própria justiça, cumprem e fazer cumprir as leis, onde se define o devido processo legal. O "eu mando" ou "eu comando" se reportam apenas às questões de natureza meramente administrativas - gerenciais.

    Portanto, seria razoável recomendar o não uso de "snipers" nas ações de segurança pública, deixando-os para aquelas situações especiais que as próprias leis especiais traçam o seu uso e o respectivo "modus faciedi".

    Não nos parece que o episódio seja motivo de alegrias e comemorações mas, de ensinamento e aprendizado para todos nós, principalmente para os que estão na árdua missão de buscar a harmonia e a paz duradoura. Mais uma vez "venia concessa".

Rio. 23.08.2019
Alberto Calvano – Del Pol PCERJ e Prof. ACADEPOL (aposent.)

O SUPREMO. PERIGOSOS DESTEMPEROS VERBAIS

O guardião e garantidor do Estado Democrático de Direito é o fiel da balança da Justiça no nosso direito constitucional, promulgado pelo Povo, através dos Constituintes de 1988, como resposta a um suposto estado totalitário, implantado em 1964, pelas Forças Armadas. para evitar, segundo representantes desta, um mal maior de um duelo que se travou e ainda se trava, mediante atos e fatos que estão fugindo do controle e bom senso da vida societária, a pretexto de se exercitar atribuições constitucionais.

Já afirmamos e voltamos a fazê-lo, mais uma vez, de que esse confronto decorreria de equivocada leitura dos textos-princípios da Nova Carta, onde os Constituintes tentaram harmonizar o relacionamento do Cidadão-Estado com o Cidadão-Povo, no delicado e inevitável confronto do exercício de garantias constitucionais. Erra-se quando se violam os princípios reitores e âncoras do sistema que aprovamos há quase três décadas.

Não é saudável vivermos em permanente litígio entre outorgante e outorgados, invertendo-se os papéis dos protagonistas, no exercício dos seus direitos e garantias formais, em incansável disputa pela hegemonia pessoal em um sistema, que se julgava infalível na administração da Justiça.

É preciso respeitar o pacto social. O Estado existe para o Povo e não este, para satisfazer os desejos e vaidades dos temporários outorgados. É preciso melhor compreender que os direitos e garantias do Cidadão-Povo preferem sempre, supostos direitos e garantias do Estado, que nada mais seriam do que camuflada busca pelo poder, colocando o Estado Administração ao serviço dos seus ocultos e incontidos propósitos não republicanos.

Talvez, por tais razões, nos vimos hoje desrespeitados por uns poucos invasores, servidores públicos graduados, que obstruem o exercício dos autênticos direitos, por quem deveria abster-se de condutas menos probas, por quem se julga o próprio Estado, faltando pouco declamarem ameaças como: "eu sou o Poder" e com isso, muitas vezes acompanhado de expressões não próprias de quem exerce atribuições de Estado-Juiz.

Isso nos levou a produzir, recentemente, pequeno ensaio intitulado: "Tempo nebuloso sobre a Corte Constitucional", o que, infelizmente, parece agravar-se, gerando insegurança jurídica no país que luta, diuturnamente, por uma paz social permanente.

Sejamos mais cristãos e menos presunçosos e egoístas. Mais uma vez "concessa venia" para um ancião que ainda acredita no "homo sapiens".

Rio. 29.08.2019

Alberto Calvano – Del Pol PCERJ e Prof. ACADEPOL (aposent.)

DIPLOMATA REVELADO PELA CORTE SUPREMA

Em um momento político de incompreensões em todos os segmentos da administração pública, nos três níveis em que opera o Estado Democrático de Direito, são sempre gratificantes e saudáveis para o POVO, posturas e exemplos que nos dão os eternos servidores públicos, quando a mídia moderada se propõe ouvi-los, diante da babel das "fakes news", que essa mesma mídia divulga, na palavra publicada de seus jovens profissionais. Jovens e, consequentemente, inexperientes, têm apresentado resultados indesejáveis para a saúde do país, apesar da candente defesa que lhes faz, consagrada comunicadora que muito bem supre a coluna "ECONOMIA"que leva o seu nome,, na página 38 da edição de domingo 18.8.2019 do jornal O GLOBO, com suas conclusões.

A matéria por ela assinada tem como título "ORIGEM DAS CRISES E AS AMEAÇAS", onde reporta com a sua peculiar linha de raciocínio o que deve ser entendido como fator determinante desse fenômeno político, muito pouco acrescendo ao pacto Estado e Povo., talvez em razão da sua militância política.

Nesta edição, mais uma vez premia-se o leitor e assinante com a publicação do saber de quem sabe e se propõe continuar ensinando o valor da compreensão e do bom senso nas relações humanas, para uma paz social mais duradoura e eficaz, curando-se as feridas deixadas pelo choque de valores pouco cristãos.

Brinda-nos com a palavra suave de um poeta-magistrado-diplomata, onde maneja a mensagem com um aroma que nos faz sentir bem, mesmo tendo que nos explicar como devem ser recebidas as atitudes impulsivas de dois ítalos-brasileiros, públicas e ou publicadas , e de outros ¨ magisters¨ dos Poderes da República.

Que se prestem as merecidas homenagens a CARLOS AYRES BRITTO, pelo muito que representa de exemplo para as novas e atuais gerações de brasileiros e operadores do direito. Sigamos as suas suaves recomendações: cumpramos a Constituição.

"Não basta fazer as leis e aplicá-las. É preciso saber aplicá-las por um modo impessoal, moral e transparente".

E que Deus o conserve por mais algum tempo entre nós.

Rio. 19.08.2019

Alberto Calvano – Del Pol PCERJ e Prof. ACADEPOL (aposent.)

COLHEM-SE OS PRIMEIROS FRUTOS DA ¨Italianização¨ DO MINISTÉRIO PÚBLICO

Não foi necessária a consolidação pela Corte Constitucional Brasileira de decisão recente do seu Pleno, para que o Ministério Público tivesse ampliada, pela via judiciária –legislativa   a sua competência (atribuição constitucional) para instaurar e presidir INQUÉRITOS-MINISTERIAIS, finalizando exercício pleno da função essencial à Justiça - a da polícia judiciária - até então monopólio das POLÍCIAS CIVIS (estaduais e federal), conforme disposição expressa no art. 144 da Carta de 1988, para darem aos operadores do direito, uma bela demonstração dos seus exatos propósitos de se constituírem no QUARTO PODER do Estado Brasileiro.

Está rompida, unilateralmente, a parceria na persecução penal, graças à engenhosa arquitetura jurídica de ex-membro do ¨parquet¨ paulista, hoje decano do Colegiado do Supremo, que conseguiu construir a extravagante figura para o sistema acusatório - do promotor ou procurador-investigador - peça central do juizado de instrução, repudiado pela Constituinte em 1988; rejeição essa jamais aceita por quem perseguia tal Quasimodo no sistema acusatório secular, do nosso mundo jurídico.

CONVENHAMOS: se o Magistrado Judicante do STF podia estender ao Ministério Público mais essa competência, por que não poderia ele próprio exercitá-la ? Seria mais um caso de competência concorrente a engrossar e elenco do art.24 da Carta Política.

Simples operação aritmética de dividir e somar (dividir e acrescer). Contudo, esse extravagante legado, pós-Constituição, gerou um bastardo "INQUÉRITO" que está a reclamar norma instrumentária pós-CPP, para que se lhe dê razoável destino. As derrogadas disposições de REGIMENTO INTERNO seriam represtinadas ? Como fazê-lo sem arranhar a vigente Ordem Constitucional ?

Já dissemos em artigo enviado, via email, ao jornal O GLOBO, que sentíamos " TEMPO NEBULOSO SOBRE A CORTE CONSTITUCIONAL BRASILEIRA ", o que não mereceu acolhimento até esta data, listando, genericamente, decisões que estavam causando razoáveis críticas, por conterem percentual elevado de conteúdo político, em detrimento da sua função constitucional de Guardião Mor da própria Carta, dos direitos e garantias fundamentais, do devido processo legal, da isonomia das partes e do próprio estado democrático de direito.

Mais uma aventura da genialidade jurídica que está custando um preço muito alto para satisfazer o EGO de bacharéis de destaque em seu pequeno universo, descoberto por outras genialidades do mundo político, que implantaram perverso cenário desafiador ao estado de direito.

Ultimamente a mídia tem trocado a terminologia latina de que faz uso o operador do direito, por uma linguagem e fenômenos cibernéticos que não encontram limites para os seus jogos internáuticos, que estão conduzindo o país a uma perigosa ingovernabilidade.

Percebe-se que servidores públicos efetivos e temporários, do mais elevado padrão de responsabilidade ética e moral, lançam-se uns contra outros, em verdadeira carnificina verbal, um péssimo exemplo para as gerações mais jovens, que não conseguem entender o porquê da acumulação de riquezas ilegais, inobstante a existência de inúmeros órgãos de controle e fiscalização nos três Poderes, interagindo a nível municipal, estadual e federal, e se a escolha dos seus gestores ocorre com a observância das prescrições dos artigos 5º. e 37 da vigente Carta Política.

Hoje se tem impressão de que as normas instrumentárias, que enfeixam o devido processo legal, foram simplesmente derrogadas por acordo entre os operadores do direito. Até então, os limites do exercício dos poderes delegados estavam na própria LEI e não nas interpretações construídas ou encomendadas às assessorias técnicas especializadas, gerando permanentes críticas. São os primeiros frutos do uso abusivo do poder judicante.

Rio. 20.09.2019
Alberto Calvano – Del Pol PCERJ e Prof. ACADEPOL (aposent.)

"SNIPERS" JÁ ESTÃO SENDO USADOS. COMO ESTÃO OS PERIGOS QUE RONDAM A "URBE"?

Esse atirador de elite, cuja precípua função é apenas MATAR o seu semelhante, com quem está em crescente e permanente litígio, nada mais é, no contexto social, do que um matador profissional, uma espécie moderna do carrasco medieval de aluguel, que apenas cumpre as ordens do seu senhor, quando acionado e, quando não está escalado, volta-se para o que lhe dita o seu EGO.

Esta seria a primeira leitura que se poderia fazer da entrevista do atual Governador do Estado do Rio de Janeiro, ao jornal O GLOBO, edição de domingo 31.03.2019, na página 20, sob o título: "SNIPERS JÁ ESTÃO SENDO USADOS, SÓ NÃO HÁ DIVULGAÇÃO."

Seria um servidor público efetivo ou temporário; comissionado, celetista ou "lobo solitário do bem"? Seria um profissional destacado como praticante de tiro ao alvo?

Sem querer discutir esses aspectos, volveríamos os nossos olhos e atenção para os riscos que representaria para a sociedade essa espécie brasileira do "serial killer" inventado em nossos primários laboratórios anti crime.

Um JUSTICEIRO de uma sociedade fragilizada, sem lideranças, sem rumo, sem valores éticos e morais, que em seu desespero teria perdido o controle sobre o seu espaço vital e agora aceitaria fazer qualquer coisa, mesmo proibida, para a sua sobrevivência.

Custa-nos acreditar que tenhamos caído em tão profundo abismo dos valores societários, simplesmente por nos omitirmos, nos primeiros testes de força com a horda invasora. Acreditava-se, como ainda se continua acreditando que, com pequenos ajustes em nossos planos de ação para combater a violência, o talião seria o suficiente - ¨ Olho por olho, dente por dente ¨ - regredindo à era das cavernas.

Menos traumático e mais digerível do que comissionarmos um ¨serial killer¨, deixando-o para quando chegarmos à guerra convencional – fase 2 do processo informal de conquista do espaço vital, como fizeram as FARC´s hoje, ao que a mídia noticia, um novo partido político colombiano.

Contudo, vigem ainda no Brasil os artigos 19, 20 e 21 do Código Penal – Decreto-Lei n. 2.848 de 07.12.1940 - suficientes para a resolução de um problema criado por sucessivas perdas de rumo, decorrentes não apenas pelo despreparo das forças de segurança mas, especialmente, pela falta de um planejamento multianual, descontinuidade operacional e administrativa e, também, infelizmente, por multivaidades incontidas e irracionais de pretensos policiólogos e antropólogos desempregados, que buscam o seu sustento, oferecendo planos e projetos de última geração dos seus exclusivos laboratórios.

Nesses últimos 30 anos a POLÍCIA DO CIDADÃO pagou e ainda continua pagando um preço muito alto pelas experimentações de notáveis ¨experts¨ em generalidade, os quais, findo o quadriência ou biênio, escamotearam-se, silenciosamente, pela porta dos fundos, deixando o seu eleitor só e abandonado à própria sorte.

A última grande fantasia oferecida à Cidadania foi a ricamente festejada DELEGACIA LEGAL, que continua "virtual", exceto para os MILHÕES DE REAIS nelas investidos, que nos deixaram belas e cara vitrines de um projeto que poderia ter dado certo, se os competentes gerentes de execução fossem mais humildes e sensatos e não disputassem tão açodadamente à bela fonte de riquíssimas águas cristalinas.

Hoje a POLÍCIA DO CIDADÃO é a polícia do confronto onde, de ambos os lados, há um permanente desfile de armas de fogo de última geração, antes vendidas, com exclusividade, para as tribos dos países grandes produtores de petróleo e outras riquezas minerais, mas, presentemente, trazidas a domicílio em contêiner, para as nossas forças revolucionárias, até agora sem registro oficial de marca.

E, enquanto isso acontece, as famílias e a Cidadania vivem enlutadas, chorando as suas crianças e, até recém-nascidos, mortos nos tolos e incompreensíveis confrontos que as nossas genialidades elegeram como fórmula básica para reconquistarem território que sempre esteve abandonado pelo poder público e, portanto, reclamado via "ut possidetis" pelos novos e ousados colonizadores destas terras de além mar.

Rio. 23.09.2019
Alberto Calvano – Del Pol PCERJ e Prof. ACADEPOL (aposent.)

SEGURANÇA PÚBLICA. AS POLÍCIAS NO CENÁRIO DA ADVERSIDADE: ONDE ESTAMOS E PARA ONDE VAMOS. Organização da Polícia Civil. Princípios Gerais. Autonomia. Formação e Aperfeiçoamento. Fiscalização. A relação Polícia Civil x Polícia Militar. Conclusões.

> Síntese da aula proferida no II CICLO DE ESTUDOS DE DIREITO, JUSTIÇA, DIREITOS HUMANOS E CIDADANIA, no Auditório da Fundação Escola Superior da Defensoria Pública, em 27.07.2001, promovido pelo Departamento de Direito Penal da UERJ.

O Estado, ao se organizar politicamente, estabeleceu, através de leis, a disciplina social. A isso costuma-se denominar de PACTO SOCAL.

Desse PACTO decorre o Poder de Polícia, onde todos abrem mão de uma parcela dos seus direitos individuais, em prol da harmonia social. De uma convivência pacífica, entre aparentes conflitos de interesses.

Ocorre que esses rudimentares princípios não são administrados inteligente e corretamente, ao CIDADÃO, após vir ele ao mundo exterior e ter de conviver com a regras sociais.

Nem ele e, muito menos, aqueles que o puseram no mundo exterior, recebem ou receberam do Estado os ensinamentos e os instrumentos que o PACTO coloca à sua disposição, para o exercício pleno da CIDADANIA.

A Constituição de 1988, dentro de uma concepção moderna do Estado, cuida nos seus Títulos I e II, do CIDADÃO (artigos 1º. ao 14), passando o Estado para um segundo plano, onde somente, a partir do artigo 18 (Título III), dispôs ela sobre a Organização deste.

Em uma linguagem mais simples e objetiva, dir-se-ia que o Estado existe para o CIDADÃO, devendo propiciar-lhe a segurança e o bem estar, antes de cuidar de si. Diriam os mais puristas que o Estado é mera ficção jurídica, um ser inanimado, que somente se move quando um ser dotado de inteligência o aciona, pondo em ação toda a força de que é depositário. Em suma, dá-lhe a vida. Torna-o dinâmico.

Contudo, essa vida, essa força coercitiva, não consegue se libertar da suas origens humanas e materiais, desvinculando-se dos interesses individuais dos executores, para preocupar-se apenas com aqueles difusos e coletivos, que definem uma sociedade pluralista, de índole democrática - governo do povo pelo povo - onde os conflitos aparentes de interesses se compõem pelo consenso, e não pela força. Sociedade essa, onde se patrocinaria e praticaria a supremacia da força do direito e não do direito da força, característica inafastável dos regimes e governos totalitários.

Não se pode confundir Estado com Governo, nem governo com governantes e, muito menos, interesse público, com interesses privados ou pessoais.

Governo e Administração, nessa ótica de moderna concepção do Estado Democrático, teriam o mesmo significado e destinação, pois situar-se-iam em um plano ideal, onde o que é bom para o CIDADÃO é bom para o ESTADO-ADMINISTRAÇÃO, o que o obrigaria a atuar para a satisfação e atendimento das necessidades sociais, (na concepção da CIDADANIA) e não, na ótica equivocada de quem está momentaneamente governante, que busca sim, precipuamente, perpetuar-se administrador em causa própria, constituindo-se em disfarçada oligarquia de determinada classe política ou social.

> "Todo o pode emana do povo, que o exerce por meio de representantes eleitos ou diretamente, nos termos desta Constituição."
> (Parágrafo único do art. 1º da C.R.).

É no exercício desse poder que está o grande desafio do Administrador. O POVO não o exerce diretamente. É através dos seus representantes eleitos que o faz e, somente os ELEITOS têm essa representatividade. É a legitimação da delegação dos poderes, pelo voto, excetuados os titulares de poderes, onde a própria Constituição os investe.

Assim a investidura para o exercício do poder do POVO se faz mediante eleição ou concurso público. A rigor, nos termos do precitado parágrafo único do artigo 1º da Carta Política de 1988, somente estes estão legitimados para exercerem o poder e, nos limites traçados pela C.R e normas infraconstitucionais.

No específico caso do exercício do Poder de Polícia pela POLÍCIA, somente exerce esse poder aquele que está legitimado pela LEI MAIOR para fazê-lo.

Somente aquele que, constitucionalmente, detem o poder investigatório, pode dirigir e promover a investigação, momento quando melhor se exemplifica o PODER DE POLÍCIA do Estado-Administração, intervindo ele na privacidade e outras garantias constitucionais do CIDADÃO.

Para que ela, a POLÍCIA, possa bem desempenhar esse poder, é necessário que disponha de relativa autonomia operacional e administrativa, capaz de lhe assegurar o exercício do "munus" constitucional a salvo das pressões políticas e de interesses desagradados.

É preciso que essa POLÍCIA seja, efetiva e eficazmente, a POLÍCIA DO CIDADÃO, primeira guardiã dos direitos da CIDADANIA. E essa Polícia, pela sua precípua finalidade e destinação constitucional é a POLÍCIA CIVIL.

A outra, a milícia, denominada de POLÍCIA MILITAR, ante às suas origens e formação, é a POLÍCIA DO ESTADO, guardiã do Pretor. Acredita-se que foi na guarda pretoriana que a Guarda Real do Império foi buscar o seu paradigma até hoje mantido.

É o exército dos Presidentes de Províncias, hoje, Governadores dos Estados. É, convenhamos, a sua guarda pessoal, que deve protegê-lo da turba, para assegurar a incolumidade da sua pessoa, porque este representa o ESTADO, inobstante, muitas vezes, conduzir-se como um déspota dos tempos modernos.

A Carta Republicana de 1988 estabeleceu que essa POLÍCIA DO CIDADÃO deveria estar disciplinada mediante Lei Orgânica, onde se definiriam a sua organização, garantias, direitos e deveres, à luz do disposto no artigo 24, inciso XVI.

Todavia, decorridos quase 13 (treze) anos, se dignou o ADMINISTRADOR de fazê-lo, preferindo, ao contrário, manter o CIDADÃO desprotegido, a mercê do despotismo de quem concentra em suas mãos os poderes que o parágrafo único do artigo 1º da Constituição-Cidadã declara que devem ser exercitados em prol do POVO, dentro dos objetivos fundamentais do Estado brasileiro, inscritos nos quatro incisos do artigo 3º e nas 77 (setenta e sete) cláusulas pétreas do artigo 5º.

Mesmo desorganizada, sem garantias e sem direitos, as POLÍCIAS CIVIS, jamais se envolveram em ocorrências macabras, como os internacionalmente conhecidos episódios do "Carandirú", em São Paulo, o de "Vigário Geral" e da "Candelária", no Rio de Janeiro e o do "Eldorado dos Carajás", apenas para citar os mais recentes.

Neles, mais uma vez, a guarda pretoriana dos tempos modernos, deu uma demonstração para o mundo, da sua eficiência e eficácia, contra a plebe.

Essa POLÍCIA, pasme-se, estava e está organizada para esse tipo de missão, repetindo o seu desempenho sempre que uma oportunidade se lhe apresenta, como ocorreu em 12 de junho de 2000, em plena rua Jardim Botânico, no Rio de Janeiro, no episódio do "ônibus da linha 174", transmitindo-se ao vivo, pelas emissoras de televisão, para todo o país, durante cerca de 4 (quatro) horas a ação, regada de primarismo e barbárie, na condução de um rotineiro porte ilegal de armas, transformado em mais uma tragédia nacional, pelo flagrante despreparo e incompetência de quem diz dirigir a segurança pública no Estado.

Não fosse a POLÍCIA DO CIDADÃO impedida de cumprir com a sua atribuição legal e constitucional, por esse dirigente que usurpava-lhe a autonomia e independência funcionais, implícitas no artigo 144, parágrafo 4º da C.R., o desfecho seria outro, com o CIDADÃO protegido pelo Estado-Administração e as Instituições Policiais preservadas e respeitadas pela sua eficiência e eficácia.

Mas, tudo leva a crer que aquela POLÍCIA não estava ali para proteger as pessoas (vítimas e delinquente) e manter a ordem pública, diante de todo o aparato, senão para exibir o seu novo uniforme e instrumental de operações- o seu material bélico - isto é, o seu equipamento de guerra, onde o confronto é a palavra de ordem. Ali, e naquele momento, o exército estadual não obedecia à vontade do POVO, ao afastar-se da sua precípua missão, expressa na Carta Política de 1988.

Autonomia, formação, aperfeiçoamento e desempenho inexistem, enquanto esta for a visão do ADMINISTRADOR e do

Governo e não do ESTADO. Segundo aqueles, quem manda na POLÍCIA não é a LEI, mas quem está momentaneamente comissionado em cargo de confiança do eleito, e não do POVO. A permanência deste no cargo não está sujeita a qualquer consulta ou referendo popular, apesar de não ter sido eleito, nem ter feito concurso público para nele ser investido.

Quanto a quem manda na POLÍCIA, não são palavras ou conclusões nossas, mas a de atual ocupante de cargo dessa natureza, expressas em declarações públicas, a orgão de imprensa escrita e televisada.

Manda, mas não responde por seus atos abusivos, apesar de existir no Estado do Rio de Janeiro um Ministério Público organizado e competente.

Neste cenário adverso, como estaria se comportando a Polícia do Cidadão - a POLÍCIA CIVIL?

A resposta seria: acéfala, tudo leva a crer; impulsionada e direcionada pelas reportagens da imprensa.

Desorganizada, despreparada e desmotivada pelo abandono a que se viu relegada, espera algum socorro da providência divina, para que não venha desaparecer definitivamente.

As lideranças e a inteligência policial, forjadas em anos de experiências e aprendizado diuturno, foram substituídas por uma nova classe de sociólogos e policiólogos, formados em polígrafos de duvidosa cientificidade e em algumas horas-aulas sobre disciplinas não básicas, tornando-se verdadeiros policiais-suicidas no embate com o crime organizado, que hoje domina todo o Estado, graças, principalmente, a esse despreparo e incompetência gerencial.

As POLÍCIAS, tanto a CIVIL quanto a MILITAR, mudam as suas estruturas organizacionais e operativas, quase que diariamente, em vã tentativa de se fazer frente à ousadia da criminalidade organizada, dando ao CIDADÃO a falsa impressão de que uma grande reforma está sendo feita nos órgão de segurança pública.

Ledo engano. São experimentações inócuas, destinadas apenas ao "marketing" político. Mera matéria publicitária, preparada por competentes "marqueteiros" de plantão.

A segurança pública mais parece uma agência de publicidade, produzindo material promocional para a prestação de um serviço por todos desejados: a garantia da incolumidade das pessoas e do patrimônio.

Muito importante é o momento de escolha daqueles que exercerão o poder delegado pelo POVO - "os representantes eleitos" - os quais, investidos constitucionalmente, direcionarão as suas ações no sentido de assegurar o aperfeiçoamento do Estado Democrático de Direito.

Serão eles que, legitimados pelo voto, designarão os seus gerentes-gerais operacionais, aqueles que deverão zelar pela fiel observância das leis e a sua efetiva e eficaz aplicação, e não transgredi-la.

Em um cenário de adversidades como este, se não houver a conscientização da CIDADANIA, nenhum esforço governamental será capaz de reverter, nem a médio ou curto prazos, a aflitiva situação por que passamos.

É tempo de mutirão e de reconhecimento dos erros cometidos.

Ainda é possível o milagre!

Rio. Julho de 2001
Alberto Calvano – Del Pol PCERJ e Prof. ACADEPOL (aposent.)

HERÓIS ANÔNIMOS OU MARTIRES DA POLÍCIA CIVIL E DA CIDADANIA ?

Diariamente levamos os nossos cadáveres às suas humildes sepulturas. Nada de homenagens e reconhecimento público de sua vida e trajetória funcional. Nada de tapete vermelho e solenes compromissos com a Cidadania, de onde foram tirados, rumo ao patíbulo erguido pelo soberbo NARCOTRÁFICO e suas vertentes.

Organizações criminosas, quer a dos punhos rendados, quer as das armas de fogo automáticas e de alto poder destrutivo, definem a nossa pauta diária. Até crianças de tenra idade estão entregando os seus inocentes corpos, transfixados por balas perdidas das armas criminosas e dos próprios guardiões da Cidadania, nessa guerra civil que se alastra por mais de duas décadas.

As primeiras – as organizações criminosas - por terem representação parlamentar, construídas pelas MILÍCIAS, patrocinam espetáculos públicos.

A mais de duas décadas temos ousado escrever algo que pudesse sensibilizar os dirigentes das forças de segurança no sentido de reverem os projetos e estratégias sobre segurança pública, tendo sempre presente um cenário extremamente adverso para os homens incumbidos da prestação da segurança das pessoas físicas e patrimonial, que vivem em nosso estado.

Ocorrências não nos faltaram e algumas até estranhamente cruéis, não apenas para o cidadão como também para o próprio policial delas partícipes, como vítimas. Foram pequenos ensaios que chegaram ser publicados em periódicos especializados na matéria. Dentre eles destacamos: " MÁRTIR DA POLÍCIA CIVIL" editado em maio de 1991, e, em julho de 91, um outro intitulado " MAIS UM MARTIR NA GUERRA DOS TOXÍCOS" que abaixo transcrevemos.

"MÁRTIR DA POLÍCIA CIVIL"

Finalmente conseguiu o "cidadão-delinquente" o seu feito histórico, que a conduzirá ao pedestal da glória: martirizou o crucificou nos tempos modernos, na heróica cidade de São Sebastião do Rio de Janeiro, uma nova **Joana D'Arc.**

A escolha recaiu sobre uma jovem humilde, humana, gente, que queria fazer o bem ao seu semelhante, abraçando por vocação o sacerdócio da função policial.

Quis o destino que o seu martírio ocorresse justamente no início de uma administração que tinha o compromisso com o social, que defendia o respeito aos direitos humanos, à cidadania e às leis. Compromisso solene, em praça pública, que mereceu amplo apoio dos menos favorecidos, que hoje são maioria absoluta. Dentre eles se encontrava, provavelmente, a jovem mártir, que queria tirar os seus irmãos do infortúnio causado pelo flagelo dos tóxicos, fonte inesgotável de enriquecimento dos "**investidores-empresários**".

Contudo, como Santa Joana D'Arc, foi por eles levada ao patíbulo, pagando com o seu nobre sangue, pecados que não lhe pertenciam, porque acreditava no ser humano e na sua racionalidade.

Equivocou-se a mártir, pois estava lidando com animais, bestas humanas sanguinárias, cevadas no ódio e na vingança.

Cegos e surdos, os "cidadãos-delinquentes" são hoje, nesta cidade e, em todo o estado, os senhores absolutos da vida das pessoas sitiadas em suas próprias casas, tornando-se objetivo de seus satânicos rituais de sacrifício aos deuses dos delírios dos tóxicos.

E ainda há quem advogue a sua discriminalização, quando " consumido socialmente". Ao que parece, a cegueira também os alcançou.

A jovem detetive **Regina Coeli da Cunha Augusto**, de 28 anos de idade, modestamente trajada com uma blusa olímpica e uma calça Lee, porque o seu salário não lhe permitia melhor, armada com o distintivo policial e a carteira funcional, recebeu a missão do próprio gabinete do chefe da Polícia Civil de proceder um levantamento fotográfico das prováveis "bocas de fumo" que funcionavam no morro da Providência, a algumas centenas de metros dos órgãos de segurança do estado.

Identificada, surpreendida e dominada, juntamente com o motorista policial Mario, foi levada para o "santuário" do tráfico de drogas deste estado e ali sacrificada impiedosamente. O número de orifícios produzidos por projéteis de arma de fogo disparados a curta distância e de arma encostada, é dantesco. A fúria destrutiva demonstra, a sociedade, a animalidade dos seus autores. Não estavam diante de uma mulher indefesa e humilde, que nada de mal lhes fizera até aquela data. Não era um seu semelhante que lhes implorava pela vida, que dedicava a esta cidade e ao seu povo. Não, não era isso que viam. A cegueira não lhes permitia ver um exemplo que merecia ser seguido. Uma jovem do seu meio que lutava por um lugar ao sol, por caminhos de fé e esperança.

Muito pelo contrário. Ali viam um inimigo do grupo e dos seus patrões, que precisava ser eliminado, destruído, pulverizado, para que servisse de exemplo aos demais, para que não ousassem atravessar-lhes o caminho da loucura, da insânia, da bestialidade e do terror.

Era preciso aplicar-lhe o castigo exemplar. O "cidadão-delinquente" precisava mostrar ao cidadão-estado quem é dono da "**urbe**", quem é o **Senhor da Guerra** e fê-lo em plena luz do dia, para não deixar dúvidas.

O "cidadão-delinquente" declarou guerra ao estado-administração, escolhendo a polícia como a sua primeira vítima, à qual seguir-se-ão, obviamente, o **Magistratura e o Ministério Público**, porque são igualmente seus inimigos. A primeira mártir aí está: detetive **Regina Coeli da Cunha Augusto**. Quem tiver dúvidas, leia o auto de exame cadavérico.

Esperamos que o seu sacrifício não tenha sido em vão e que o sangue que derramou até a última gota, nos desperte desse profundo pesadelo que sobre esta cidade se abateu.

Descanse em paz Regina Coeli

MAIS UM MÁRTIR NA GUERRA DOS TÓXICOS

Finalmente, após 40 (quarenta) dias de sofrimento em seu leito de dor, encontrou a paz mais um herói anônimo da suja guerra que o crime trava com a lei, em nosso Estado. Faleceu, em 28.05.91, no HMSA, onde de encontrava internado, desde que foi suplicada no Morro da Providência, juntamente com a mártir Detetive REGINA COELI DA CUNHA AUGUSTO, mais um modesto servidor público, o Motorista Policial MARIO ALVES BARBOSA.

Morreu tão humilde quanto veio ao mundo. Com ele também morreram muitas esperanças, principalmente, as de sua família, de quem era o único sustento e segurança. Desapareceu o ideal e a esperança que muitos alimentam em sua infância e juventude ser útil e solidário ao seu semelhante.

Assim quis o "Senhor da Guerra" – Sua Excelência, o Marginal, para usar a expressão lapidar do Procurador de Justiça, Dr. Mário Portugal Fernandes Pinheiro.

O "cidadão-delinquente" já havia decretado a sua morte, mas a férrea vontade de continuar vivo, fê-lo sofrer por mais 40 dias, esquecido por quase todos. O fato, tendo deixado de ser notícia , passou a ser página virada, até no meio policial, atropelado pelo elevado índice de ocorrências violentas. Ademais, não sendo ele, como o mártir REGINA COELI, pessoa de projeção social, não havia motivos para se deslocarem ou alocarem recursos especiais na busca dos seus autores. Não era empresário, político ou líder sindical.

Era apenas um policial.

E, como policial morreu. Deu a vida por nada. Deixou viúva, órfãos e nenhum bem de raiz. Deixou pobreza, angústia, dor e revolta. Deixou silêncio.

Assim é a vida do homem de polícia e de sua família. Dão os melhores anos de sua vida por uma causa nobre – o bem estar da comunidade – de recebendo, na maioria das vezes, reprovações, incompreensões e desprezo. Dificilmente, se lhes reconhecem virtudes ou valor social. Mesmo assim, não abandonam o seu ideal: querem ser policiais. Morrem policiais.

São os verdadeiros heróis de uma sociedade, só que anônimos, como o foram em toda a sua vida, quando aceitaram o desafio de enfrentar o crime organizado sozinhos.

É preciso reformular objetivos e estratégias, em matéria de segurança pública, para que não continuemos levando à sepultura tantos policiais, que não podem reagir ao crime organizado, sequer com os mesmos meios.

É tempo de mudanças. A cidadania as reclama, urgentemente.

Chega de discurso, de retórica e de "medidas de impacto", apenas para melhorar a imagem pessoal.

E, O CASO MARIELLE E ANDERSON?

Dentro da mesma tônica o ênfase do caso Regina Coeli e Mario, não seria nenhum despautério trazer-se à colação o assassinato da vereadora Marielle e do seu motorista Anderson no dia 14 de março 2018, na Tijuca, cuja investigação é mantida até hoje, em segredo de justiça, pelo Estado Garantidor, porque não poude e não pode nos dizer quais são os reais AUTORES, a MOTIVAÇÃO E O MANDANTE OU BENEFICIÁRIO (interessado na supressão daquelas vidas).

Sem duvida, a postura das Forças da Lei e da Ordem estariam manietadas em razão de sua total incapacidade de enfrentar o crime organizado ou, então, teria sido por ele cooptadas, talvez pela natureza relevante dos interesses político – partidários ou de ordem financeira.

Portanto, um segredo de Estado, ou quiçá, do estado paralelo e, por isso, informal, que precisa ser desvendado o quanto antes, pois o descrédito das instituições atingiu patamares extremamente perigos para sobrevivência do Estado Democrático de Direito.

Em assim pensando, concluir-se-ia que as duas vitimas Marielle e Andersom, pela circunstancias e forma, igualam-se ao martírio de Regina Coeli e Mario.

Esse clamor por justiça, justifica intitular-se esse ensaio de FOME DE JUSTIÇA, a ser saciada pelo Estado Administração.

APENAS RECORDANDO

I – Breve introdução

Exemplos bastante claros de comportamentos em desconformidades com a Lei (ato criminoso), são os praticados contra Autoridades Policiais que não se alinham com os meliantes dos punhos rendados, e que são aqueles retratados neste libelo defensivo, que abaixo se transcreve, que também clama Justiça da parte de quem participa do tripé da persecução penal (Polícia – Ministério Público – Magistratura Judicante).

A quadrilha que tomou de assalto os Poderes Constituídos do Estado e bem assim, a PCERJ, capitaneada por ex - Governador do Estado, e os " inhos ", alguns já foram condenados pela Justiça Federal e Estadual, os quais, por ação de suas parcerias técnicas especializadas, se mantém longe de suas celas no sistema penitenciário de segurança máxima, como é o caso do ex - Chefe de Policia, ex - Delegado de Polícia **ALVARO LINS DOS SANTOS** e seus sicários, e o ex - Governador **ANTHONIO WILLIAM GAROTINHO MATEUS**, este condenado à prisão de apenas, 03 (três) anos de reclusão e aquele, a 27 anos , no mesmo regime.

Seria um caso típico de FOME DE JUSTIÇA? Ou vingança tolerada pelos admiradores do ex – Chefe destronado, que não esqueceram dos "salários"adicionados ao seu contra – cheque oficial, oriundos de sua ação miliciana, durante os desgovernos da última década?

II – Um fato histórico na Polícia Civil no Rio de Janeiro

A defesa do Decano ALBERTO CALVANO

Direito de Defesa

O DO n° 212, de 17 . Nov, 2004, às fls 27, publicou penas de suspensão impostas ao Decano de Delegados de Polícia do Rio de Janeiro, ALBERTO CALVANO, em Atos de 10. Nov.04, assinados pelo Secretário Interino Delegado de Polícia Federal, à disposição do Estado Dr. MARCELO ITAGIBA, sob o fundamento de que teriam sido violados tipos descritos no Código de Ética do Estatuto do Policial Civil.

Com esse ato formal, cujos apuratórios se encontravam "sub judice" n° 9ª Vara da Fazenda Pública (Mandado de Segurança n° 2004.001.073473-5 09-L), lograram dois Delegado de Polícia dar seguimento a uma ação de retaliação que tinha a sua gênese no fato de ambos, Delegado de Polícia JOSE VERCILLO FILHO, então ocupante do cargo de confiança de Corregedor da PCERJ e Delegado de Polícia ÁLVARO LINS DOS SANTOS, Chefe da PCERJ, terem sido denunciados pelo Ministério Público Estadual perante o Juízo de Direito da 26ª Vara Criminal da Comarca da Capital, por violação dos artigos 320 c/c 327, parágrafo 2° do Código Penal (CONDESCENDÊNCIA CRIMINOSA) – Ação penal 2001.001.036828-1-A – cujo texto se descreve abaixo:

A denúncia

" O MINISTÉRIO PÚBLICO, pela Promotora de Justiça que esta subscreve, no uso de suas atribuições legais, vem oferecer D E N Ú N C I A contra

JOSÉ VERCILLO FILHO e ALVARO LINS DOS SANTOS

Delegados de polícia, respectivamente, no exercício de cargo de comissão de corregedor interno de polícia civil, matrícula n° 09619-8 e de chefe polícia civil, pelos fatos e fundamentos constantes da Peça de informação n° MP 7366/01:

No dia 30 de janeiro de 2001, na Rua da Relação n° 42, em horário não determinado, o primeiro denunciado, corregedor interno da polícia civil, recebeu, através do memorando n° 0078/1404/01 fls 11), parecer técnico e legislação específica sobre as atribuições dos órgãos de execução da polícia civil quanto à autorização, fiscalização e repressão à queima de fogos de artifício, da lavra do Dr. Alberto Calvano, Delegado de Polícia, então lotado na corregedoria interna, no exercício de suas atribuições.

O ferido parecer técnico (fls 13/17) foi exarado em virtude da explosão ocorrida durante a queima de fogos de artifício no reveillon, na Praia de Copacabana, que resultou a morte de um espectador e lesões corporais em mais de sessenta, configurando entre outros, delito de ação penal pública incondicionada prevista no art, 251 c/c 258 do Código Penal.

Ao concluir a peça técnica, o autor sugeriu que a matéria fosse examinada pelo órgão correicional policial, diante da evidente omissão dos agentes do poder público, na área da segurança pública, através de suas unidades operacionais – a delegacia de polícia da área e a Divisão de Fiscalização de Armas e Explosivos – DFAE, em permitir a realização do mundialmente famoso evento, em locais onde a lei expressamente proibiu, conforme Decreto 718/76 e Lei 1866/91 (fls 18 e 27) violando, assim, normas de estatutos penais e administrativos.

Todavia, o primeiro denunciado, ao tomar ciência do referido parecer técnico, o qual continha notícia do crime de ação penal pública incondicionada, afirmou que o mesmo havia sido produzido por iniciativa própria (do autor), remetendo-o à apreciação do segundo denunciado, ou seja, não promoveu a apuração da falta nem aplicou ao subordinado, ou subordinados, as cominações legais (fls.32)

O segundo denunciado, por sua vez, recebido o expediente e ciente de seu conteúdo, em 13.02.2001, determinou fosse " desentranhado o espúrio parecer nele acostado, o qual incorpora motivações desconhecidas da instituição policial civil, de cunho meramente pessoal, divorciado ainda que está dos princípios deontológicos que devem reger a Administração Pública (fls.34)."

Prosseguindo este, em resposta à requisição do Ministério Público, contida no ofício 362/01, de 09.02.01, para remessa de cópia do aludido parecer técnico, cujo teor era até então, desconhecido, com o fim de instruir o inquérito policial instaurado para apurar responsabilidade pela morte e lesões corporais decorrentes da explosão havida durante o réveillon, IP 003/01, da 13ª DP, informou inexistir qualquer relatório oficial confeccionado por delegado de polícia com designação para manifestar-se sobre as funções da DFAE e do Corpo de Bombeiros (fls.48).

E, aduziu, ainda, o segundo denunciado, que tal seria, no mínimo, inoportuno, pois a autoridade policial competente para conduzir a investigação era o delegado daquela circunscrição determinando a remoção do delegado subscritor, fora dos casos previstos no estatuto da polícia civil vigente, consoante Boletim Informativo publicado em 01.01.01 (fls. 43). Portanto, por lhe faltar competência para responsabilizar o infrator, ou infratores, não levou o fato ao conhecimento da autoridade competente para punir corregedor interno.

Desse modo, o primeiro denunciado corregedor interno da polícia civil, com vontade livre e consciente de omitir-se, deixou, por indulgência, de responsabilizar policial civil subordinado que cometeu infração no exercício do cargo.

O segundo denunciado, chefe de polícia civil com vontade livre e consciente de omitir-se recebendo notícia de infração cometida por policial civil, no exercício do cargo, lhe faltando competência, não levou o fato ao conhecimento da autoridade competente," in casu ", o primeiro denunciado.

Assim, sendo as condutas narradas, objetiva e subjetivamente típicas, estão os denunciados incursos nas sanções do artigo 320 c/c 327 parágrafo 2º do Código Penal.

Isto posto, requer a notificação dos denunciados para apresentação de defesa preliminar, nos termos do art.514 e seguintes do CPP, e, recebida a presente a instaurada a competente ação penal, requer seja determinada a citação dos denunciados, para responderem aos seus termos, sob pena de revelia, e a intimação das testemunhas abaixo arroladas, esperando, ao final, seja julgado procedente o pedido condenatório, na forma de denúncia.

Rol de Testemunhas:

1 – Del. de Polícia Alberto Calvano, 40º DP

2 - Del. de Polícia Ivo Raposo, 13º DP

Em 04 de abril de 2001

LUCIANA SAPHA SILVEIRA
"Promotora de Justiça"

O PARECER TÉCNICO que tanto impressionou o então Corregedor e o Chefe da PCERJ, documento como centenas de outros de igual, nível e destinação, produzidos nos 40 (quarenta) anos de atividade como Autoridade Policial, em todos os órgãos da PCERJ e na própria Secretaria de Estado, bem como na ADEPOL/RJ, ADEPOL/BR, CONDEPOL e para ilustres advogados como Dr. Ives Gandra da Silva Martins e o Ministro Aposentado do STF Dr. Aldir Guimarães Passarinho (ADI 1547-8), para qualquer operador do Direito, mereceria um exame mais acurado e uma reflexão despojada de paixão e servilismo, em homenagem ao grau que lhe foi imposto ao término do bacharelado em curso jurídico.

O grande monstro que amedrontou aquelas cultas Autoridades Policiais, é o que se segue:

Queimas de fogos de artifício

Incolumidade das pessoas e patrimônio. O poder de Polícia do Estado – Administração. a lei n° 1866/91 e as normativas anteriores, disciplinadoras da matéria. Autorização expedida por Autoridade Policial competente e, simplesmente, Autoridade competente. Ausência de decreto definidor de Autoridade competente, caracterizando ato omissivo do Poder Público, com grave e irreparáveis consequências. Responsabilidade penal, civil e administrativa do agente garantidor, frente à Nova Ordem Constitucional e a lei de Improbidade Administrativa.

1. A fabricação, o trânsito, o depósito, o comércio e a queima de fogos, no antigo Estado de Guanabara tinha disciplina específica no Decreto "E" n°4911, de 12.05.71, suficiente para garantir a incolumidade das pessoas e patrimônio, até o advento da fusão deste Estado com o antigo Estado do Rio de Janeiro.

2. Em 1975, com a criação do novo Estado do Rio de Janeiro, por força das disposições expressas na Lei Complementar n°20, editou-se o Decreto – Lei n° 01, com "status" de pré – constituição, para o novel membro da federação, onde se delegavam poderes ao Governador nomeado pelo Presidente da República, para legislar temporariamente, até que a Assembléia Estadual Constituinte elaborasse e promulgasse a Constituição do Estado.

3. Por conta dessa delegação, inúmeros foram os decretos editados pelo Chefe do Poder Executivo, com força de lei e outras mais, regulamentando-as, em obediência à então vigente ordem constitucional.

4. Em 20.Mai.76, foi expedido o Decreto nº 718, que deu nova disciplina à questão dos fogos de artifício, agora abrangendo, todo o território do novo Estado, revogando expressamente o Decreto "E" 4911/71, conforme disposto no seu artigo 25.

5. A época, a técnica legislativa era cuidadosa, inobstante viver o país um regime de força, onde tudo se podia e nem tudo se fazia "contra legem", como se faz hoje, quando se diz que estamos em um estado democrático de direito, apenas pró - forma.

6. Respeitou-se, naquele diploma legal, a tradição legalista da antiga Guanabara, atribuindo-se à AUTORIDADE POLICIAL competente – O Delegado de Polícia da circunscrição policial – o poder de expedir autorização para a queima de fogos de artifício, na área circunscricional de sua responsabilidade funcional. Era disposição expressa do inciso I do art. 1º. No inciso II elencavam-se os locais onde era terminantemente proibida a queima daquele material.

7. Em 30.Jun.88, isto é, 12 (doze) anos depois, expediu-se a Resolução Conjunta SEPC/SEPM/SEDC nº 0021, para à Polícia Militar e ao Corpo de Bombeiros Militar competência

para auxiliarem a Polícia Civil na fiscalização e aplicação de multas aos infratores do Decreto n°718/86, mantendo-se a Polícia Civil com o monopólio de expedir as autorizações para a queima de fogos de artifício.

8. A novidade que esse ato resolutivo trouxe foi a ampliação do rol de estabelecimentos e atividades abrangidas na distância mínima de 500 metros da área de queima de fogos, inclusive, estabelecendo poder discricionário excepcional para a Administrador incluir outros locais, conforme previsão expressa no art. $8^{0.}$.

9. Indubitavelmente, estavam os órgãos de segurança pública, naquela época, bem instrumentalizados para a execução da função de governo de garantidores da incolumidade das pessoas e patrimônio, normas essas que, com a promulgação da Constituição Federal, em 05.Out.88 e, da Constituição Estadual, em 05.out.89, no que tange à Polícia Civil, foram recepcionadas, ganhando o "status" de Lei Complementar e somente possíveis de modificação por norma de igual hierarquia, "ex – vi" do disposto no art. 118, inciso X da CE.

10. Contudo, não foi esse principio respeitado, eis que, através da Lei Ordinária n° 1.866, de 08.out.91, retirou-se da AUTORIDADE POLICIAL o competente monopólio legal de expedir autorização para a queima de fogos de artifício em sua área circunscricional. E, ai, cometeu-se "aberratio" maior, porque substituiu-se aquela por AUTORIDADE

COMPETENTE, sem definir-se nessa Lei Ordinária ou Decreto Regulamentador, a ser editado em complementação aquela, o que deveria ser como tal entendido. Essa lacuna permanece até os dias atuais, inobstante entendermos, dentro da maior doutrina e julgados dos tribunais superiores, de que norma de hierarquia menor não tem o poder de modificar aquela que lhe é superior porque, simplesmente inexiste frente `aquela.

11. Essa aventura grotesca pelo mundo jurídico somente serve para comprovar que muitas vezes o jurista é o maior violador da lei, quando alçado a posição de mando no Poder Executivo. Não nos referimos ao então Chefe do Executivo, mas `aqueles que com ele colaboravam, inclusive, assumindo Pasta de Segurança Pública . Queria ele, naquela época e anos mais tarde, deter o poder de barganha, sem limites expressos na lei, de decidirem como se Autoridade Policial fosse, questões técnicas. Eram e são os famosos especialistas em generalidades, que infestam setores da segurança pública, onde buscam realizar sonhos infantis, com graves consequências para o erário público.

12. Nessa mesma linha comportamental e com frontal violação do art. 118, inciso X da Carta Estadual de 1989, outro personagem editou a Resolução nº. 169, em 14.Out.97 , delegando competência a órgãos de duvidosa constitucionalidade e legalidade, para exercerem fiscalização e repressão à queima de fogos de qualquer

espécie, onde, mais uma vez, se omitiu definir o que deveria ser entendido como AUTORIDADE COMPETENTE para expedir autorização para a queima de fogos.

13. Obviamente, a ignorância em técnica legislativa e a falta de leitura das Cartas Federal e Estadual, não permitiram às novas gerações acompanhar, de perto, a performance das anteriores deixando, assim, a Cidadania atônita, diante da reinante desorganização operacional nos Órgãos de Execução da Segurança Pública.

14. A recente tragédia na queima de fogos na orla marítima, no dia 31.Dez.2000, onde uma pessoa perdeu a vida e várias dezenas ficaram feridas, é um retrato fiel da total incompetência de quem está administrando, à frente desses Órgãos, deixando o Povo entregue à própria sorte.

15. Belos discursos, repetidas promessas, estatísticas mirabolantes, transferência de responsabilidades, delírios e devaneios, não mais surtem efeito, porque não mais convencem.

16. Indubitavelmente, neste triste episódio, em festa de fim de ano, onde o Estado garantidor mostrou-se superado e irresponsável, conforme atestam, para os não leigos, as ações e omissões dos seus prepostos e executores, a responsabilização deve começar pelos próprios órgãos público que, no mínimo, culposamente, deixaram de prover medidas cautelares de resguardo da população, que

compareceu à zona sul, para assistir a um espetáculo, onde se prometia alegria e satisfação, jamais a dor da lesão corporal ou a perda de um ente querido.

17. Em sã consciência, não vemos como se possa responsabilizar apenas aquele que queimou fogos de artifício, com autorização expressa ou tácita do poder público, sem que se lhe aponte a desobediência a prescrições expressas de lei, ou mesmo, inobservância de regra de segurança, estabelecida previamente por quem exerce o poder de polícia. Mesmo se isso ocorrente, sua posição na relação processual seria de partícipe ou copartícipe e, jamais de autor como se tem noticiado em órgão da imprensa.

Conclusão

I - À luz da vigente ordem jurídica, o Poder Público, na área da Segurança Pública, por seus altos escalões administrativos, omitiu-se no episódio ocorrido na orla marítima da zona sul da cidade do Rio de Janeiro, no dia 31.Dez.2000, permitindo a queima de fogos em terraços de edifício (hotel) e na praia, e a uma distância inferior a 500 metros de edificações e estabelecimentos, conforme proibição expressa na Lei 1.866/91 e Decreto718/76.

II - O agente do Poder Público que autorizou ou permitiu a queima de fogos nas condições acima violou normas de estatutos penais e administrativos, impondo-se às Autoridades Policial e Administrativa competentes a instauração dos regulares procedimentos para a apuração de responsabilidade ressarcimento ao erário público dos danos causados a este, em face do ajuizamento de ações por parte das vítimas ou de seus familiares.

III - Em havendo Inquéritos Policiais instaurados na 13ª DP – Ipanema e 12ª DP – Copacabana, com Membro do Ministério Público acompanhando, seria recomendável que os aspectos suscitados neste estudo de natureza técnico-jurídica fossem levados ao conhecimento daquelas Autoridades Policiais e Promotor de Justiça, para o estabelecimento de procedimento único, no âmbito da CORREGEDORIA-GERAL DA POL

"Máxima vênia".
Rio de Janeiro, 23 de janeiro de 2001.
ALBERTO CALVANO

Del. De Polícia (CSP) – Mat.: 1.141.603-9

O estudo, em forma de Parecer Técnico, foi encaminhado mediante memorando ao Titular da Corregedoria da PCERJ, em 30 de janeiro de 2001, para que fosse levado a exame pela administração superior, tendo em vista a gravidade dos fatos, "verbis":

Mem. n. 000783/1404/2001
Rio de Janeiro, 30 de janeiro de 2001.
Do: Del. de Polícia ALBERTO CALVANO
Ao: Del. de Polícia JOSÉ VERCILLO FILHO,
MD Corregedor-Geral da Polícia

Ass.: Queima de fogos de artifício
Ref.: Dec. 718/76 e Lei 1866/91

Anexo:
1) Parecer Técnico (original

    2) Legislação específica (XEROX)

1. Com o trágico resultado da queima de fogos de artifício, na orla marítima da Zona Sul (Copacabana), no reveillon de 2000, que ocasionou um óbito e dezenas de feridos, conforme ampla cobertura feita pelos mais diversos veículos de imprensa deste Estado, entendeu-se necessário proceder ao levantamento da legislação existente sobre a matéria editada após a fusão da Guanabara e Estado do Rio de Janeiro, que disciplinaria as condutas das pessoas jurídicas e físicas e do próprio Estado-Administrativo.

2. Da leitura daquelas normativas, verificou-se que o Poder Público tem-se omitido na obrigação de fazer, gerando, com a sua conduta, danos à incolumidade pública, com riscos graves para as pessoas e patrimônio, decorrentes da inobservância das cautelas previstas na LEI.

3. O acidente na praia de Copacabana, tudo tem a ver com essa omissão, na pessoa dos servidores ocupantes de função de confiança, a quem cumpriam exercitar as atribuições delegadas, de poder de polícia.

4. Do estudo realizado, parece-nos razoável que sobre ele fosse produzido documento, à semelhança de parecer técnico, que ora estamos fazendo chegar às mãos de V.S., para que se dê a necessária difusão, no âmbito dos órgãos

de segurança, e se verifique a possibilidade e pertinência de consulta à P.G.E., acaso se considerem as CONCLUSÕES em desarmonia com a "mens legis" e orientação existente no âmbito da PCERJ.

5. Urge assinalar-se que dos questionados atos, editados em 14.Out.97 – Resolução n.169/97 – traz no parágrafo único do art. 3ª, incumbência ao Chefe da PCERJ que, através da Corregedoria- Geral, monitorará a atuação das Unidades Operacionais envolvidas (D.P's e DFAE), avaliando e responsabilizando qualquer omissão, naquilo que se estabeleceu no Dec. N. 718/76. Ressalta-se, por questão de justiça, que nesse ato, pura e simplesmente ignorou-se a Lei n. 1866/91), o que tornou ainda mais complexa a questão da queima de fogos, a saber: - sobre a antecedente autorização do poder público;
- que órgão (ou órgãos) e qual a Autoridade (s) seriam competentes para conceder essa autorização e quais as cautelas de segurança que deveriam ser observadas.

6. Por mais essa razão, cremos que a matéria deva ser examinada pelo Órgão Correicional Policial, em primeira mão.

Atenciosamente.

ALBERTO CALVANO
Delegado de Polícia 1.141.603-9"

Despacho do Corregedor da Polícia Civil

Mem 00783/1401 / 30.01.01 / fis.23.

GAB/COINPOL

Sr. Chefe de Polícia

Cumprimentando-o faço alçar a Vossa Senhoria, para ciência e apreciação, o presente expediente formalizado pelo Mem. n.00783/1404-2001, via do qual Delegado de Polícia , Dr. Alberto Calvano, endereça ao signatário manifestação que intitula de "parecer técnico", referente a matéria "queima de fogos de artifício", produzida por iniciativa própria.

Relevante esclarecer, também, que em decorrência da instauração de inquérito pela 13ª Delegacia Policial, o assunto em questão acha-se sob exame do M. Público e submetido ao controle jurisdicional.

Rio, 08/02/2001.
JOSÉ VERCILLO FILHO
Corregedor-Geral   Matr. 09619

Despacho do Chefe da Polícia Civil

Mem. n. 0783/1414-2001 / Fis. 24
Chefia da Polícia civil
Gabinete do Chefe de Polícia

Restitua-se o presente à corregedoria interna, para devolução ao autor, determinado seja desentranhado o espúrio parecer nele acostado, o qual incorpora motivações desconhecidas pela instituição Polícia Civil, de cunho meramente pessoal, divorciado ainda que está dos princípios deontológicos que devem reger a Administração pública .

Dê-se baixa no número de memorando indevidamente utilizado na tentativa de emprestar caráter oficial a manifestação permeada de conteúdo, lamentavelmente, de aparência político-ideológica.

Esta Chefia não mais admitirá manifestações isoladas de servidores sem atribuição para oficiar em feitos em andamento
ÁLVARO LINS DOS SANTOS

Chefe da Polícia Civil"

O ÓRGÃO DO MINISTÉRIO PÚBLICO COMPETENTE PARA OFICIAR NOS AUTOS, ante aos termos do ofício resposta da Chefia da PCERJ, negando a existência oficial do estudo no âmbito da PCERJ, dirigiu-se ao Delegado de Polícia ALBERTO CALVANO e dele requisitou o documento, conforme se vê do ofício endereçado à Autoridade Policial, "verbis":

Ministério Público do Est. do Rio de Janeiro
1ª Central de Inquéritos
6ª Promotoria de Investigação Penal.
Ofício n. 404/2001
Em 12 de fevereiro de 2001
Ref. IP 003/01 - 13ª DP

Dr. Delegado Alberto Calvano

A Promotoria de Justiça que esta subscreve, com atribuição legal para atuar nos autos do inquérito policial n. 003/01, da 13ª DP , vem, acolhendo sugestão do ilustre Chefe de Policia, consoante ofício que segue em anexo, solicitar cópia do parecer técnico elaborado por V.S. sobre a queima de fogos na Praia de Copacabana, com a finalidade de instruir o procedimento investigatório epigrafado.

Ao ensejo, renovo-lhe protestos de elevada consideração e apreço.

LUCIANA SAPHA SILVEIRA
" Promotora de Justiça"

Recebida a requisição ministerial em 14.02.01, aprestou-se a Autoridade Policial em atendê-la com brevidade e, diante dos termos do Ofício n. 0053/1200/2001, de 13.02.2001, da Chefia de Polícia Civil/RJ, a que se reportava o Órgão de Execução do MP, capeou-se a cópia requisitada, com os esclarecimentos aduzidos sob o título 'QUEIMA DE FOGOS DE ARTIFÍCIO (parte II).

"Em atenção aos termos da requisição da Promotoria de Justiça (ref.01), com atribuição para oficiar nos autos do Inq. Pol. 003/01 (ref.02), este Delegado de Polícia, no exercício pleno das suas atribuições legais e constitucionais, momentaneamente à disposição da Superintendência de Administração e Serviços, por ato publicado no BI n.023, de 01.02.01, vem, em obediência ao que prescreve a CR e Lei n. 8625, juntar ao presente expediente uma cópia do estudo técnico-jurídico, de sua lavra, produzido enquanto desempenhava as funções de Delegado-Corregedor, imprescindível à instrução de procedimento investigatório, onde se apuram as causas e autoria da tragédia verificada na Praia de Copacabana, em 31.12.00, de que resultou o óbito de uma pessoa e ferimentos em mais de 50 outros espectadores.

Por dever de ofício e respeito ao Membro do Ministério Público, que não pode ter obstaculado o seu "munus" legal e constitucional, por equivocada leitura das vigentes normas, por quem está temporariamente no exercício de cargo de confiança, cumpre-nos, preliminarmente, pedir escusas face à recusa deste em atender a solicitação que, ao nosso ver, tem caráter de REQUISIÇÃO, ante a natureza do procedimento que visa a instruir.

Escusamo-nos em nosso nome e de uma pleiade de Autoridades Policiais de mesma formação acadêmica, porque o jovem Delegado de Polícia recusante ainda não atingiu o mínimo "minimorum" em termos de formação profissional, que lhe possibilite exercer o "munus" dentro dos limites do seu poder-dever.

Infelizmente, desde os primeiros dias no comando da PCERJ, demonstrou desqualificação técnico-jurídica e profissional para o desempenho de função de grande relevância para a administração da justiça criminal e a própria segurança pública, preferindo comporta-se como um novo "condottiere", e ao invés de primeiro guardião dos direitos da Cidadania. Seguia e segue o mau exemplo de quem se julga investido de poderes absolutos, e por isso, faz " leis " a sua vontade " soberana ". Eis o perigo da concentração de poderes em poucas mãos!

Na cópia do ofício-resposta da Chefia de PCERJ (ofício n. 0053/1200-2001), que acompanhou o expediente de referência, teceu o jovem Delegado de Polícia, que está concluindo o estágio probatório, para efetivação no cargo, considerações pouco lisonjeiras a colega mais antigo, decano dos Delegados de Polícia do antigo Estado da Guanabara e do novo Estado, que tem mais tempo de efetivo serviço na Carreira de Autoridade, do que aquela Autoridade Administrativa tem de idade; de invejável "curriculum vitae", que o jovem jamais terá condições de alcançar, as quais estão a exigir repúdio e imediata retorção, inobstante não ser este o local próprio para fazê-lo.

Por absoluta, falta de intimidade com o vigente ordenamento jurídico; por absoluta falta de qualificação técnico-profissional e ser originário dos quadros da milícia estadual, onde ocupava o posto de Capitão PM, não sabe aquela Autoridade Administrativa distinguir princípios e garantias constitucionais dos ocupantes do cargo de Delegado de Polícia, acreditando que há necessidade do seu "agrement" para que possam exercitar as atribuições do cargo efetivo, tentando, através de sofismas, invalidar estudo técnico, que sequer se deu ao trabalho de ler e sobre ele refletir, especialmente sobre a mensagem que lhe diz respeito, como dirigente administrativo do mais alto nível da PCERJ.

Esta Autoridade Policial, na condição Delegado-Corregedor, não necessitava de nenhum suplemento da Autoridade Administrativa para produzir trabalho técnico-jurídico sobre a matéria, principalmente, se for considerado que a função primacial da COGEPOL é educativa e, depois, punitiva.

Quando considerar que "...a iniciativa do Dr. Alberto Calvano não possui caráter institucional e está desprovida de compromisso ético ou profissional, razão pela qual não foi recebida por esta Chefia...", ao assim concluir, mais uma vez demonstrou o seu despreparo para o cargo, por desqualificação profissional.

Ora, se o próprio Ministério Público entende que o estudo procedido pela Autoridade Policial, na condição de Delegado-Corregedor, é importante para instruir o procedimento judiciário-penal, como se conceber que uma Autoridade Administrativa possa entender diferentemente, ao ponto de recusar encaminhar o trabalho ao Promotor de Justiça com atribuição?

Lamentavelmente, somos obrigados a concluir que o jovem Delegado de Polícia deve retomar ao Órgão de Formação Profissional, para atualização e, assim, estar em condições de bem desempenhar o cargo de Delegado de Polícia, primeiro guardião dos direitos da Cidadania se, obviamente, for confirmado no cargo efetivo, visto encontrar-se ainda "sub-judice" em processo da Auditoria Militar Estadual, sob grave acusação de cometimento de crime contra a administração pública, o que teria ocasionado a sua contra indicação na investigação social levada a efeito pela ACADEPOL "Silvio Terra", ainda na fase de concurso.(*)

E, aqui convém que se relembre que esta Autoridade Policial também é decana do corpo de professores daquela quase centenária casa de Ensino Policial, de onde se encontra afastado, por motivos pessoais, há mais de um lustro.

Temos, mais do que possa imaginar o jovem Delegado de Polícia, autoridade e conhecimentos suficientes para nos manifestar, tanto sobre questões jurídicas, legais e constitucionais, como também sobre formação profissional de Delegado de Polícia e também, porque não frequentamos as manchetes policiais de jornais escritos, falados e televisados como, para tristeza nossa e da PCERJ, a que se vê estampada às fls. 18 da edição do O GLOBO, de domingo 10 de agosto de 1997, principalmente, no momento em que a administração Pública se encontra em uma cruzada santa, para erradicar a "banda podre" das instituições policiais, extrapolando até limites legais e constitucionais, quando da edição dos atos que finalizam o afastamento desses policiais, ignorando, assim, o "due process of law".

Estávamos elaborando o presente documento quando, em visita à COGEPOL, na tarde do dia 14.02.01, fomos informados pelo Corregedor-Geral da PCERJ, de que o Mem. n. 00783/11404-2001, com qual fizeramos a apresentação formal do trabalho àquele dirigente, havia retornado com despacho da Chefia da PCERJ, às fls.24 (sem data), recebido na COGEPOL em 13.02.01.

Ante ao teor daquela manifestação, vimos confirmada a nossa suspeita de que, para se ocultarem a ineficiência e a ineficácia de Órgãos da Segurança Pública, em fase do despreparo e desqualificação técnico-profissional de quem está, temporariamente, na sua direção, se pretende implantar, na Polícia, uma dissimulada "LEI DA MORDAÇA", que alguns áulicos do governo federal, tentaram impor ao MINISTÉRIO PÚBLICO BRASILEIRO, em tempo bastante recente. Na manifestação, até o deontológico foi utilizado.

Ainda, restabelecendo a verdade sobre os fatos, cumpre que se diga que o Corregedor-Geral da PCERJ, no seu despacho às fls.23/23v, cometeu ato falho, ao afirmar que o estudo fora "...produzido por iniciativa própria" do Delegado de Polícia Dr. Alberto Calvano, buscando, mediante tal sofisma, escapar da ira do supremo mandatário, porque a verdade real precisava continuar sendo sonegada do conhecimento da Sociedade, do que o Delegado CALVANO ousando dissentir. Nada foi feito na COGEPOL SEM PRÉVIO CONHECIMENTO, EXAME, DISCUSSÃO E APROVAÇÃO DO SEU TITULAR.

Essa foi a nossa postura funcional, em quase um ano de colaboração na COGEPOL, como o foi anteriormente e sempre será, enquanto servimos a Polícia Civil Brasileira.

O parecer não é espúrio, não incorpora motivações desconhecidas da instituição Polícia Civil, não tem cunho meramente pessoal, não está divorciado dos princípios regedores da Administração Pública, não se lhe pretendeu emprestar caráter oficial, porque oficial é e sempre será todo e qualquer pronunciamento deste Delegado de Polícia, no exercício das suas atribuições legais e constitucionais, independentemente do juízo equivocado que o jovem Delegado de Polícia possa fazer a seu respeito, mesmo porque passa, a partir deste momento, a ser peça de informação em ação penal pública incondicionada. Também, não está permeado de conteúdo de aparência político-ideológica (sic).

Pode-se facilmente verificar que o compromisso com a LEI foi por nós observado. Não sabemos se o mesmo poderá ser dito dos demais servidores públicos que intervieram nesse "affair".

Temos a consciência tranquila do dever cumprido; de que não transgredimos nenhum dos estatutos legais; não afrontamos a ética, a moral, os bons costumes e, acima de tudo Lei de Deus.

Não somos raposa tomando conta do galinheiro, para usar dito popular brasileiro ou, nos apossamos da configuração inteligente na fábula " A Raposa e as Uvas".

Sirva-se, portanto, digno e competente Representante do Ministério Público Estadual, das pequenas luzes que lançamos sobre as trevas que se abateram de há pelos menos dois lustros, sobre a tradicional polícia judiciária fluminense, trazendo dias de incertezas para o seu público interno, assim como, e principalmente de angústia, para os destinatários dessa função essencial à administração da Justiça – o Povo do Estado do Rio de Janeiro.

E, para encerrar e para que não digam que nada dissemos, transcreve-se abaixo trecho de um poema de MAIAKOVSKI, para aqueles que tiverem acesso a estes documentos, refletirem profundamente.

"Na primeira noite, sorrateiramente, eles se aproximam e colheram uma flor do nosso jardim...

...e não dissemos nada!

"Na segunda noite, já não se escondem: pisam os canteiros, as flores e matam o nosso cão...

...e não dissemos nada!

Até que um dia, o mais frágil deles entra sozinho em nossa casa e rouba-nos tudo...

E, conhecendo a nossa omissão e o nosso medo, arranca-nos a voz da garganta!

E, PORQUE NÃO DISSEMOS NADA, JÁ NADA PODEMOS DIZER."

Rio de Janeiro, 15 de fevereiro de 2001
ALBERTO CALVANO
Del. de Polícia 1ª Classe (CSP) 1.141.603-9

A estranha postura do Corregedor da PCERJ

O ex - Escrivão de Polícia do antigo Estado do Rio de Janeiro, depois acessado Delegado de Polícia no novel Estado, Dr. JOSÉ VERCILHO FILHO, devorador voraz de tudo quanto escrevíamos no exercício do magistério policial e do cargo efetivo de Delegado de Polícia que, com singela humildade nos honrava com sistemáticos convites para trabalharmos na COGEPOL e que em outros episódios complexos já tinha buscado e recebido o nosso auxílio, conseguiu que deixássemos a DEAPTI, para onde fôramos designados para Titular, e fôssemos desempenhar função extra -oficial de seu assessor pessoal, justamente para o deslinde dos casos mais difíceis que implicavam em contatos com Membros do Poder Judiciário e Ministério Público e com colegas mais antigos, visto termos ocupados cargos na superior administração e nos recursamos aceitar novos encargos dessa natureza, para que os mais jovem neles pudessem se iniciar e progredir.

No lapso temporal em que trabalhamos juntos, sempre pautamos a nossa conduta dentro da legalidade, da ética, da transparência, da lealdade, da sinceridade. Fomos parceiros e amigos, até o momento em que isso foi posto em prova. Não tínhamos e não temos ambições carreirista. Toda a PCERJ sabe disso, como alguns Membros do MP e da Magistratura. Daí a nossa franqueza.

Quando se fez necessário saber o que se tramava ou tramou nos bastidores para a nossa abrupta e ilegal (violavam-se direitos e garantias estatutárias expressas da Lei 218/75 e Decreto 3.044/80) remoção para a "geladeira" (SAS) exercitamos direito constitucional e CERTIDÃO. O que veio, com esse "status" foi decepção total e, para não discutir com pessoa que considerávamos aluno aplicado, mas que se perdera a caminho da escola restou-nos o manuscrito. Fizemos uma Carta Aberta ao ex - amigo e parceiro., protocolizada em 12.03.2001, na Corregedoria sob o n. E-09/002285/1404/01.

Carta aberta ao Cidadão JOSÉ VERCILLO FILHO
Delegado de Polícia – Corregedor da PCERJ

Há momentos em nossa vida profissional que somos colocados em prova, entre manter intactas amizades constituídas ao longo dos anos, ou seguirmos o reto caminho que traçamos em defesa da Justiça, da Ordem Jurídica, das Instituições e dos Princípios Democráticos do Estado de Direito.

No exercício do cargo de Delegado de Polícia, sempre mostramos essa nossa formação democrática, arcando com todas as consequências, por dissentirmos do arbítrio, da subserviência e da submissão.
Não podemos ser seguidores da "amcon" (amnésia da conveniência). Não pertencemos a essa espécie humana. Os nossos padrões éticos e morais não o admitem.

O episódio da nossa remoção da COGEPOL para a "geladeira", como interpretou o jornal O GLOBO, deixou V. S$^{a.}$ em uma situação extremamente embaraçosa, apesar de não havemos solicitado qualquer esclarecimento a respeito. O seu silêncio foi bastante significativo, pelo que conhecemos da sua personalidade. Por isso, optamos em exercitar direitos constitucionalmente assegurados – o de informação e o de certidão.

Prestada a obrigação de fazer, vimos que V.S., contaminado pelo recém - catalogado vírus da "amcon", rompeu definitivamente com um relacionamento profissional, que acreditávamos ter-lhe sido proveitoso em todos os sentidos. Preferiu escusar-se de dizer o que lhe competia, ética, moral e legalmente declarar: a verdade dos fatos. Infelizmente optou pela versão, porque não suportaria a dor da separação do "cargo de confiança" e, com isso, distanciar-se de acalentado projeto pessoal (***).

Obrou muito mal V.S., porque além de se deixar contaminar pelo vírus "amcon", faltou com a transparência e lealdade para com o companheiro e a instituição, ao calar a verdade, negando a existência dos fatos, para dar sustentação o ato arbitrário e ilegal de Autoridade Administrativa que deles, acredita-se, não tivesse conhecimento, ao promover a "remoção punitiva"

Negar-se a responder se o Delegado CALVANO era competente, discreto e leal à instituição Polícia Civil, alegando tratar-se "... de avaliação subjetiva, de caráter pessoal", é fugir às responsabilidades do cargo que ocupa, da condição de chefe imediato do servidor, é demonstrar inaptidão para o exercício do comando, por ter medo de tomar decisões, nos estritos limites da Lei. Não alcançar o significado da expressão "comunhão de propósito", é negar o conhecimento do vernáculo e bem assim da sua repercussão na ordem jurídica, o que o impossibilita de exercer o cargo de Autoridade Policial, na Nova Ordem Constitucional.

Quanto ao insólito argumento de que não designara o Delegado CALVANO como Delegado-Corregedor, de que "...não fora também designado para acompanhar os trabalhos", parece que a gravidade da contaminação pelo vírus da "amcon" atingiu estágio avançado, que não mais permite a reversão. Trata-se de paciente em estado terminal, infelizmente.

Antes de ser afetado pela moléstia, o Delegado Corregedor da PCERJ, convidara e reconvidara o Delegado CALVANO para a função de Subscorregedor, assim como para outras funções de confiança na Corregedoria, sendo todos eles recusados, sob a alegação de foro íntimo, mas que colaboraríamos independentemente de QUALQUER DESIGNAÇÃO EXPRESSA, em tudo que fosse de interesse institucional, sendo SEMPRE DADO CIÊNCIA À AUTORIDADE ADMINISTRATIVA de qualquer iniciativa e dos seus resultados.

É pública e notória na Polícia Civil essa nossa postura e jamais fomos admoestados por assim atuar, posto que, oficialmente, os louros colhidos sempre foram em proveito daqueles que ocupavam e ocupam cargos de chefia e direção. Nunca ambicionamos esses dividendos. Sempre recebemos sem formalização de atos pelo Corregedor, as incumbências para examinarmos ou intervimos nos casos mais complexos, de maior gravidade e responsabilidade, encaminhados àqueles Órgãos. Os poucos casos de designação expressa que ocorreram, foram exigências nossas para assegurar a regular tramitação do expediente.

Falta com a verdade o Corregedor da PCERJ quando se diz alheio ao trabalho do Delegado CALVANO no episódio da "queima de fogos de artifício no revillon" alegando "...sendo certo que não foi designado pelo signatário para acompanhar os trabalhos...". Esqueceu-se de que convocou o Delegado Titular da 13ª DP ao seu Gabinete por sugestão do Dr. CALVANO ? Esqueceu-se também da legislação que lhe foi fornecida pelo Delegado CALVANO, para ser examinada e levada ao Chefe de Polícia ? Esquece-se, da mesma forma, do Delegado Diretor da DFAE? Esqueceu-se da competência do Órgão Correicional Policial? Como ser Corregedor com toda essa amnésia?

Perdoe-nos, caro amigo, pelas verdades que, desta forma, estão sendo ditas! Continuamos sendo o Delegado CALVANO que V.S. ouviu falar, quando ainda era Escravidão de Polícia e almejava ser Autoridade Policial de igual postura.

Rio de Janeiro, 12 de março de 2001.
ALBERTO CALVANO
Del. de Polícia 1ª Classe (CSP) 1.141 603-9

(*) A Ação penal a que respondia na Auditoria da Justiça Militar Estadual, teve a sua decisão reformada (anulada), no corrente ano, mantendo-se assim o acusado "sub judice", o que o impediria de ser nomeado para cargo público. Irretocável portanto, a contra indicação na investigação social (fase de concurso público) inexplicavelmente posta de lado para o seu aproveitamento "contra legem", cujos autos do processo de nomeação (Proc.: E-12/3566-97, DO nº 99, p. 02, de 02.06.98), também inexplicavelmente, se encontrariam na posse do interessado, conforme informa a PGE, a quem foi requerida Certidão do mesmo, ainda não obtida.

(**) O delegado de Polícia JOSÉ VERCILLO FILHO, ao ser denunciado pelo MP ao Juízo da 26ª VC, aposentou-se. Decorrido alguns meses, foi nomeado Corregedor Geral das Polícias Civil, Militar e Corpo de Bombeiros Militar, realizando, em parte, o seu projeto pessoal ...

" Os textos vinculados neste encarte são de responsabilidade do delegado Alberto Calvano, publicado no Jornal dos Delegados em agosto de 1997".

PETROBRAS: "Que país é este?"

A mega corrupção instalada na PETROBRAS, desnudada neste milênio, também seria aquela senhora idosa, de que nos fala servidor público temporário, ocupante de cargo eletivo, conquistado por coalizão partidária, que obteve cerca de 60% dos votos no último escrutínio. Portanto, não deve preocupar a aqueles que não aderiram ao modelito. Por ser idosa, a corrupção pode ser encontrada em qualquer lugar. É longeva como a nossa tradição extrativista .Para estes, seria apenas rotativa a direção, concluir-se-ia, no aconselhamento à Nação.

E, mais. No dizer de certos políticos, não é coisa nova, que possa trazer perigo aos projetos nacionais, mesmo porque se sempre existiu, já passou a ser produto nacional - "made in Brasil". Veja-se a taxação (%) daquilo que foi arrecadado na ação coletiva das organizações criminosas e compreender-se-á como está ela socializada. Enquanto a plebe recebe o famoso "cheque cidadão", outros têm direito ao percentual da nobreza. Velho padrão das nossas capitanias hereditárias.

Como já se disse: nada muda em Pindorama, a não ser o calendário.

Enquanto isso, na região sul deste país, outros servidores públicos efetivos, cujos cargos foram conquistados em concurso público, continuam com o seu dever funcional. Mais investigações, mais indícios, mais evidências, mais provas, mais denúncias formais e mais prisões.

O tênue fio de linha quando puxado, trouxe cordas grossas e até, amarras de navio. Hoje, além dos políticos nominados, vieram juntar-se a eles, os doadores das campanhas eleitorais, empresários até então acima de qualquer suspeita e referencial no rol das empreiteiras.

Lamentavelmente, presos e denunciados por violação de vários tipos penais, inclusive, de formação de quadrilha, trouxeram para o seio das suas empresas, assim como das agremiações político-partidárias o risco de a elas ser aplicada a Lei - deverão ser dissolvidas por sentença judicial.

Fica um pouco difícil compreender-se que apenas os que foram pilhados com a mão na massa, sejam alcançados pelo decreto punitivo (sentença condenatória).

Eis, ai, mais um dilema para a judicatura brasileira.

Diante da longevidade da corrupção ("velha senhora"), esses redutos criminosos não poderão continuar subsistindo, sob pena de se manter em atividade uma fábrica altamente nociva à sobrevivência do estado democrático. Não se constrói democracia com corrupção. Temos já identificados e conhecidos quase uma centena de personagens, graças à delação premiada.

Assim, também nós latinos, temos os "penditi brasiliani". Indagar-se-ia, então: entramos, finalmente, de corpo e alma num operação "mani puliti", como fez a Itália no século passado? Temos esperança de que os homens do sul não tenham o mesmo destino que tiveram FALCONI e BORSELINI e respectivos familiares.

Até hoje, continua nebulosa a apuração do assassinato do prefeito de Campinas (SP) eleito que foi pela agremiação que hoje está sendo investigada. Seria a solução final? Não sabemos. Que respondam os "experts".

Rio. 16.03.2015
Alberto Calvano – Del Pol PCERJ e Prof. ACADEPOL (aposent.)

PETROBRAS; corrupção sistêmica ou tradicional ?

A nossa classe política, ressalvado percentual baixíssimo, continua se comportando nas duas Casas do Povo como se estivesse em tradicional mercado de peixe, onde tudo se vende e se compra, mediante lances de oferta e contra-oferta.

Ainda não conseguimos nos recuperar do trauma do Mensalão, eis que estamos sendo sufocados por uma avalanche de fatos e notícias extraídas de confissões negociadas dos novos "penditis", que estão traindo "companheiros" de profissão, em troca de penas mais brandas.

Quando, um certo "companheiro", além de relatar minuciosamente a estratégia operacional para se desviarem milhões de dólares do erário público, ainda se propõe repatriar quase 100 milhões, depositados em paraísos fiscais e indicar que agremiação político-partidária teria recebido, no mínimo, o dobro do que lhe coubera da sua cota participativa na labuta extrativa, chega-se à conclusão que Pindorama é extraordinária.

Segundo cálculos modestos, os larápios teriam se apossado de numerário equivalente ao orçamento deste último exercício financeiro e distribuído entre si. Verdadeira ação entre amigos. O novo reforço de verba carimbada, daria para matar a fome e a miséria desta incansável classe de trabalhador-eleitor, com mais um cheque de bolsa, de programa ou de cota.

Outro "companheiro", bem articulado e falante, servidor público temporário, que por muitos anos gerenciara o gigante brasileiro no mundo dos petrodólares, ao ser ouvido em CPI da Câmara dos Deputados, seguindo certa linha de defesa, quando da fixação de penas restritivas da liberdade na ação penal do "Mensalão", diz publicamente que a corrupção na PETROBRAS é pontual ou individual e que não fora percebida nestes 10 últimos anos de gerenciamento partidário. Negou que fosse ela sistêmica e, acabou por confessar que havia corrupção e que jamais fora ela combatida, conforme afirmara o "pendito" que o antecedera em depoimento na CPI.

Assim, como no "Mensalão", a corrupção na PETROBRAS, apesar de confessada como praticada desde 2003, a quadrilha que a dominava, por não ter registrado um estatuto constitutivo, não é sistêmica nem, tampouco, praticada por quadrilhas de corruptores e corrompidos. Todos seriam primários e, os crimes, de pequeno potencial ofensivo.

Sistêmica, jamais. Apenas, tradicional. Belo exemplo dos nossos valores éticos e morais praticados por tradicionais "fichas limpas". E, por isso e, em nome da divindade conhecida como "governabilidade" , os agrupamentos e entidades públicas ou privadas não seriam dissolvidas, como manda a Lei. Este seria o desfecho final, que se percebe na tênue luz do sombrio túnel da administração da "res publica"

Rio. 12.03.2015
Alberto Calvano – Del Pol PCERJ e Prof. ACADEPOL (aposent.)

PETROBRÁS: AS QUADRILHAS E O ¨ad terrorem¨

Amedrontar o país é a mais nova estratégia costurada pela classe política para tentar paralisar as investigações sobre o exuberante ciclo extrativo implantado por agremiações políticas que agasalharam no seu seio autênticas quadrilhas, destinadas a sangrar os combalidos cofres públicos.

Graças à delação premiada, o Brasil ficou sabendo como pessoas acima de qualquer suspeita, em razão da importância dos cargos públicos que ocupavam, engrossavam as fileiras dos fora da lei – os famosos delinquentes do colarinho e punhos brancos. As quadrilhas ruíram por si sós, ante inteligente ação conjugada dos parceiros da persecução penal no sul do país, longe dos focos da mídia investigativa e especulação eleitoreira. Apoiados por um competente magistrado, deram um show de competência e harmonia.

Sem entrar no mérito de incompreendido encaminhamento, não expressamente previsto na vigente norma instrumentária penal (CPP), logrou-se fazer chegar à Corte Constitucional (STF) indícios, evidências, elementos de provas documentais, periciais e testemunhais que instruirão a formal denúncia contra os investigados e, não meros sindicados, como quer colunista em sua matéria informativa.

Inquestionavelmente, hoje dia 08/03/2015, é data histórica para a imprensa brasileira, pela importância da sua página de rosto. Nela estão estampadas 49 fotografias de pessoas a quem se atribuem malfeitos no trato da "res publica" Extemporaneamente .estar-se-ia lavando a alma da grande vítima - o povo - cujo suor do seu produtivo trabalho engrossava as polpudas contas do "mineradores" em conhecidos paraísos fiscais.

A nação não chegou a ficar estarrecida pelas manchetes dos jornais, posto que nenhum segredo mais existia sobre como se gerenciava a coisa pública. Tudo se fazia e se faz por conta de grandes projetos políticos e "governabilidade"

Sempre que o malfeitor é pilhado com a boca na botija, se invoca o deus da impunidade   A INGOVERNABILIDADE.

Eis aí o "AD TERROREM", de que nos fala o sempre professor JOAQUIM FALCÃO, emérito educador da FGV Direito Rio.

Rio. 08.03.2015
Alberto Calvano – Del Pol PCERJ e Prof. ACADEPOL (aposent.)

"PUNIÇÕES NÃO PODEM PARAR O PAÍS"

Corajosa tese ministerial e hipótese única quando o crime ajuda uma nação a se desenvolver. Esta seria a força impulsionadora da conjunção adversativa " MAS"?

O GLOBO, edição de sábado, 22/11/2014, na página 6, a propósito de trazer a público o que a imprensa-investigativa, até então, havia apurado sobre as diligências realizadas pela PF e MPF, relativamente aos "ESCÂNDALOS NA PETROBRAS", transcreveu trechos de declarações atribuídas ao Ministro da Justiça, assim formalizados:

- "Temos que ter equilíbrio. É fundamental que quem praticou atos ilícitos seja punido. Mas, ao mesmo tempo, temos que fazer com que a economia do país não seja atingida. É necessário, primeiro, punir com provas. Não podemos, a partir de suposições, ilações ou indícios, ter conclusões definitivas. Mas, havendo demonstrações de ilícitos, que se puna. Mas temos que ter uma política que favoreça a essas empresas, que porventura possam ter praticado ilegalidades, ser saneadas, como acontece em todo canto do mundo, para que a economia nacional não seja atingida"

Seria uma tentativa de reaplicar a tese recente acolhida por maioria relativa do colegiado que está Ministro do STF, para o crime de formação de quadrilha por integrantes de organizações criminosas de homens dos punhos e colarinhos brancos ? Tudo leva-nos a concluir que este seria o objetivo perseguido.

Operadores do direito sabem perfeitamente qual é o destino que a lei prevê para organizações criminosas, a ser prolatado por Magistrado Judicante: dissolução do ente com desvio de conduta-padrão, além da reparação do dano causado ao lesado, "in caso", ao erário. E é o que se espera nesse fantástico "imbroglio ", até então nunca antes visto, para se usar expressão cunhada por vitorioso político.

Rio. 22.11.2014
Alberto Calvano – Del Pol PCERJ e Prof. ACADEPOL (aposent.)

CRIMINALIDADE EM ASCENSÃO NÃO PODE SER COMBATIDA PELAS FORÇAS ARMADAS

No atual cenário que se instalou no país, notadamente nas grandes capitais, onde sobressai o RJ como a unidade mais vulnerável da federação, segundo relato da mídia investigativa, a criminalidade comum que ascendeu ao ¨status¨ de TERRORISTA, estaria imbatível na sua ação de desmantelamento de todo o trabalho que o governo do Estado vem realizando nas chamadas comunidades pacificadas.

Além do retorno aos bolsões ainda em processo de inclusão, aí mantendo o pernicioso comércio de drogas proibidas, estão destruindo veículos caracterizados e instalações da polícia fardada (PMERJ), partindo para o impiedoso assassinato de agentes da segurança pública.

Inquestionavelmente, é uma ação dirigida, sintoma insofismável de coordenação e planejamento, aqui confundido com terrorismo político, que ameaça o mundo dito civilizado, já há algumas décadas.

A estratégia de confronto que se denota posta em execução, tem sido a de contundentes manchetes de primeira página que, se não chegam a inibir a ação delitiva eleita, vem, no entanto, causando muita preocupação ao contribuinte, que começa suspeitar de ¨market¨ político ideológico.

Teme-se, diante desse quadro, que tudo tenha sido apenas mais uma noite de verão, com o prenúncio de um impiedoso inverno polar e as pessoas de bem assaltadas pelo medo que as inibe de qualquer reação.

¨ Vênia Concessa¨.

Rio. Setembro de 2017
Alberto Calvano – Del Pol PCERJ e Prof. ACADEPOL (aposent.)

¨.

www.ingramcontent.com/pod-product-compliance
Lightning Source LLC
Chambersburg PA
CBHW070645220526
45466CB00001B/295